环境规制与
出口贸易发展

Huanjing Guizhi Yu Chukou Maoyi Fazhan

刘家悦　胡颖　张峰　著

人民出版社

前　言

新时代,中国既要实现贸易强国战略,又要实现"绿水青山就是金山银山"的发展理念。此时,对环境规制与出口贸易发展的中国经验进行补充解释显得尤为关键,不仅丰富与完善了中国的经验研究,还可以向全球具有同等情景的国家提供了经验。本书对环境规制与出口贸易发展的经验进行了系统性思考,为较为全面细致地补充解释了环境规制对出口贸易发展的影响及其微观作用机制。为此,根据现有中国相关经验研究的基础与不足,将环境规制与出口贸易发展分别进行异质性细化处理。并对细化指标进行多层次多角度的深化研究,从不同角度(包括数字经济、技术创新、全要素生产率、研发能力、异质性、企业家精神等),不同层次(包括企业层面、行业层面、城市层面、省级层面等)考察异质性环境规制对不同出口贸易发展的影响;然后,对其背后的作用机制进行检验,此外还进行了拓展分析(包括空间分析、政策分析、动态分析等),对后续相关研究具有一定的边际积累价值,也对环境与贸易理论的拓展与中国经验的提炼提供了有益补充。

为此,本书将从四个层面进行详细分析:需要说明的是,鉴于前期文献研究的基础上,为了聚焦于补充考察这一核心研究目标,我们将出口贸易发展细分为出口贸易竞争力、出口技术复杂度、出口成本加成以及出口贸易可持续展开相关研究。首先,通过对相关文献的梳理发现,环境规制与出口贸易的关系研究中一直存在着传统学派与修正学派的争论,传统学派基于"污染避难所假说"认为环境规制不可避免地带来企业成本上升,即"成本效应",导致企业的出口贸易优势被削弱。而修正学派基于"波特假说"认为适度的环境规制会倒逼企业进行创新,进而弥补环境治理的成本支出,即"创新补偿效应",从长期来看,环境规制将强化企业的出口贸易优势。不少学者利用中国数据展开研究时发现,环境规制对中国出口贸易发展的影响也并未达成一致结论。相似的分歧存在于环境规制与出口贸易竞争力、出口技术复杂度、出口成本加成、出口产品多元化以及出口贸易可持续等出口贸易发展的相关研究中。其次,本书对环境规制以及不同出口贸易发展的测度方式进行整理,比较不同测度方式之间的优劣,为后续的实证检验部分奠定基础。再次,在实证检验部分,本书利用中国环境和出口贸易的相关数据,从不同角度(包括数字经济、技术创新、全要素生产率、研发能力、异质性、企业家精神等)、不同层次(包括企业层面、行业层面、城市层面、省级层面等)研究环境规制对不同出口贸易发展的影响并对背后的作用机制进行检验,同时还进行了拓展分析(包括空间分析、政策分析、动态分析等)。由此,我们得到基础结论:环境规制对不同出口贸易发展的影响都离不开"成本效应"与"创新补偿效应":当环境规制强度较小时,环境规制强度的加强很大程度上会带来"成本效应",具体表现为对出口贸易发展的抑制作用;当环境规制强度达到一定程度后,环境规制的"创新补偿效应"将会逐步显现,具体表现对出口贸易发展的促进作用。并且具体的作用程度又会受到不同环境规制手段、不同企业性质、不同行业特征、不同区域政策等多方面的影响。通过对背后作用机制多角度的检验发现,环境规制影响出口贸易发展的方式包括但不限于数字经济、技术创新、全要素生产率、研发能力、企业家精神等渠道。最后,本书根据所得的结论,具体结合中国实际,就如何有效发挥环境规制对不同出口贸易发展的积极作用提出相关的政策启示,并对下一步的研究方向进行说明。

现阶段,中国经济发展逐渐向高质量发展转变,党的十九大报告中提出的"建立健全绿色低碳循环发展的经济体系"为经济高质量发展指明了方向,同时也意味着绿色发展是中国经济高质量发展的关键。在"十四五"规划中,绿色发展更是被提到了重要战略地位。出口贸易走绿色发展道路是大势所趋,也是中国实现从贸易大国向贸易强国转变的核心要义。因此如何令环境保护与出口贸易融合发展,降低环境规制对出口贸易的抑制作用,激发其对出口贸易的积极作用,是新发展阶段中国建设贸易强国征程中的首要问题。本书为有效激发出环境规制对出口贸易的积极作用,推动中国建设成为环境友好型贸易强国带来了重要启示,并为广大拥有相同处境的国家提供了可借鉴的经验。

目　　录

导　论 ·· 1

第一章　研究动态及中国适应性 ·· 13
第一节　环境规制与出口贸易 ·· 13
第二节　环境规制的出口贸易效应 ······································ 15
第三节　环境规制与中国出口贸易发展 ································ 21

第二章　环境规制测度与出口贸易发展 ································· 34
第一节　环境规制的基本概念 ·· 34
第二节　环境规制的测度 ·· 36
第三节　出口贸易发展的多维度测量 ··································· 39

第三章　环境规制、数字经济与出口贸易竞争力 ···················· 54
第一节　有调节的中介效应模型构建 ··································· 54
第二节　环境规制对中国出口贸易竞争力的效应分析
　　　　及其地区差异 ·· 62
第三节　环境规制对中国出口贸易竞争力的机制分析
　　　　——基于数字经济视角 ·· 66

第四章 环境规制、技术创新与出口贸易竞争力 ········· 75
第一节 非线性模型构建 ········· 75
第二节 环境规制对中国出口贸易竞争力的效应分析
及其行业差异 ········· 80
第三节 环境规制对中国出口贸易竞争力的机制分析
——基于技术创新视角 ········· 87

第五章 环境规制、全要素生产率与出口技术复杂度 ········· 91
第一节 基于城市视角的 HOV 模型构建 ········· 91
第二节 环境规制对中国出口技术复杂度的效应分析
及其区域差异 ········· 98
第三节 环境规制对中国出口技术复杂度的机制分析
——基于全要素生产率视角 ········· 106

第六章 环境规制、研发能力与出口技术复杂度 ········· 111
第一节 基于省际视角的 HOV 模型构建 ········· 111
第二节 环境规制对中国出口技术复杂度的效应分析
及其规制手段差异 ········· 116
第三节 环境规制对中国出口技术复杂度的机制分析
——基于研发能力视角 ········· 121

第七章 异质性环境规制与出口成本加成 ········· 126
第一节 非线性模型构建 ········· 126
第二节 环境规制对中国成本加成的效应分析及其企业
差异 ········· 132

第八章 环境规制、企业家精神与出口成本加成 ······ 140
第一节 模型构建、变量选取与数据处理 ······ 140
第二节 环境规制对中国出口成本加成的效应分析及其异质性检验 ······ 144
第三节 环境规制对中国出口成本加成的机制分析——基于企业家精神视角 ······ 152
第四节 进一步分析:运用空间杜宾模型 ······ 154

第九章 环境规制、企业家精神与出口产品多元化 ······ 164
第一节 模型构建、变量选取与数据处理 ······ 164
第二节 环境规制对中国出口产品多元化的效应分析及其企业差异 ······ 169
第三节 环境规制对中国出口产品多元化的机制分析——基于企业家精神视角 ······ 177
第四节 进一步分析:环境规制的空间溢出效应 ······ 179

第十章 环境规制、企业家精神与出口贸易可持续 ······ 183
第一节 双重差分模型构建 ······ 183
第二节 环境规制对中国出口贸易可持续的效应分析及其稳健性检验 ······ 191
第三节 环境规制对中国出口贸易可持续的机制分析——基于企业家精神视角 ······ 201
第四节 环境规制的实际执行问题 ······ 205

第十一章 研究结论与研究展望 ······ 213
第一节 研究结论与政策启示 ······ 214

第二节　研究展望 …………………………………………… 224

参考文献 ……………………………………………………… 226

后　记 ………………………………………………………… 248

导 论

一、研究背景与目的

自改革开放以来,中国出口贸易规模迅速扩张,尤其自"入世"以后中国贸易发展迅猛。中国对外贸易出口额从 2002 年的 3255.7 亿元增长至 2019 年的 172361 亿元,短短十几年的时间里增长近 53 倍。早在 2013 年,中国便已成为全球货物贸易第一大国。中国货物出口占国际市场份额近 14%,"中国制造"成为国际市场上认知度最高的标签之一。同时出口贸易成为拉动中国经济增长的重要引擎,是国民经济的重要组成部分。这番波澜壮阔的贸易发展历程,被学界和政界称为"中国出口奇迹"。的确,中国的贸易发展成果有目共睹。即便是在 2020 年,面对新冠肺炎疫情的严重冲击和严峻复杂的国内外形势,中国依旧实现了经济正增长,同时海关总署发布的数据表明,2020 年中国外贸进出口好于预期且外贸规模再创新高,展现了中国贸易强大的韧性和综合竞争力。

然而难以忽略的是,中国出口贸易繁荣的背后却有着巨大隐患:第一,在全球经济滞缓、贸易保护主义盛行背景下,中国陷于与美国的贸易博弈,加之新冠肺炎疫情的意外冲击,国际经济环境中不确定因素增多,中国出口面临巨大挑战。第二,中国出口技术复杂度水平虽然不断攀升,能生产出口技术复杂度较高的产品,但是在高技术商品竞争市场中,中国与欧美发达国家相比还有较大差距,中国实际的出口技术复杂度相对较低(陈维涛等,2014)[1]。第三,中国出口存在"低加成率之谜",即边际成本与进入行业临界边际成本之差较小(盛丹和王永进,2012)[2],与贸易强国相比仍有较大差距。而出口成本加成作为提高出口附加值,提升贸易竞争力的重要途径(Kee 和 Tang,2016)[3],是实现出口贸易稳健发展的重要内容。第四,中国的出口增长主要以靠集约边际(贸易产品数量的增加)实现,而不是扩展边际(新产品种类的增加)。依赖集约边际的贸易极易遭受外部冲击,造成贸易条件恶化,而扩展边际的贸易则能避免这些问题(钱学锋,2008)[4]。第五,中国世界贸易大国的地位很大程度上依赖于大量"低质低价"产品的出口(毛海涛等,2019)[5],在"低质低价"的贸易发展模式下,中国在全球生产价值链中呈现低端锁定态势(Chen 和 Liu,2011)[6],贸易条件持续恶化,在

---

[1] 陈维涛、王永进、毛劲松:《出口技术复杂度、劳动力市场分割与中国的人力资本投资》,《管理世界》2014 年第 2 期。

[2] 盛丹、王永进:《中国企业低价出口之谜——基于企业加成率的视角》,《管理世界》2012 第 5 期。

[3] Kee L.H., Tang H., "Domestic Value Added in Exports: Theory and Firm Evidence from China?", *American Economic Review*, 2016.

[4] 钱学锋:《企业异质性、贸易成本与中国出口增长的二元边际》,《管理世界》2008 年第 9 期。

[5] 毛海涛、钱学锋、张洁:《中国离贸易强国有多远:基于标准化贸易利益视角》,《世界经济》2019 年第 12 期。

[6] Chen A., Liu Z., "Determinants of Chinese Machinery Industries' Position in GVCs: Based on Input-output Empirical Analysis of Divided Industries", *Journal of International Trade*, 2011, Vol. 4, pp.115-125.

面临外部冲击时,中国出口表现出极大的脆弱性(王杰、刘斌,2016)[①]。为此,2012年商务部印发的《对外贸易发展"十二五"规划》中提出了建设"贸易强国"的目标,深度提升中国对外贸易发展的质量与效益。"贸易强国"还在"十四五"的"六新"发展目标中,也被纳入到2035年的远景目标之中。

同时,中国传统高能耗高污染的贸易发展道路令国内环境承受巨大伤害,危害人民的健康安全。近几年来,中国多个地区频频出现空气质量指数"爆表",《中国环境状况公报》显示,2019年,中国337个城市中,只有157个城市的环境空气质量达到要求,仅占全国城市数的46.6%,相反却有180个城市环境空气质量超标,占全国城市的大多数。此外,随着环境污染问题逐渐成为世界关注的焦点问题,许多国家也因此设置了绿色贸易壁垒,为进口产品设置了重重关卡。而中国的出口产品普遍含碳量较高(刘强等,2008)[②],出口产品中的污染含量远高于发达国家(陈迎等,2008)[③],极其容易受到绿色贸易壁垒的限制。欧盟就曾对中国出口玩具实施绿色贸易壁垒,大大打击了中国玩具的出口(李昭华、蒋冰冰,2009)[④]。为此,中国政府深刻反思过去传统的经济发展模式,寻求突破国际绿色贸易壁垒的有效路径,对环境保护的重视程度不断提高,逐渐加大对环境治理、环境规制的力度,出台大量环境规制政策。2008年,国家环境保护总局被提升为部级单位,强化

[①] 王杰、刘斌:《环境规制与中国企业出口表现》,《世界经济文汇》2016年第1期。
[②] 刘强、庄幸、姜克隽等:《中国出口贸易中的载能量及碳排放量分析》,《中国工业经济》2008年第8期。
[③] 陈迎、潘家华、谢来辉:《中国外贸进出口商品中的内涵能源及其政策含义》,《经济研究》2008年第7期。
[④] 李昭华、蒋冰冰:《欧盟玩具业环境规制对我国玩具出口的绿色壁垒效应——基于我国四类玩具出口欧盟十国的面板数据分析:1990—2006》,《经济学(季刊)》2009年第3期。

了环境监管的权威性。在《"十三五"生态环境保护规划》中也明确强调,要通过实施"最严格的环境保护制度",总体改善生态环境质量。党的十九大报告进一步提出要加快生态文明体制改革、推进绿色发展、建设美丽中国的战略部署。近年来,环境规制颇有成效,"绿水青山就是金山银山"的发展理念深入人心。有研究表明,中国已由出口贸易中的污染赤字国逐渐转为污染盈余国(党玉婷、盛丹,2018)[1],并且在环境规制政策的约束下,不少污染行业企业的资源逐渐流向清洁行业(Elrod 和 Malik,2017)[2]。

实际上,商品生产作为环境污染的主要来源,大部分商品的生产完成后都会指向贸易(孙瑾,2020)[3],因此环境规制的实施必然会对出口贸易发展造成影响。那么环境规制究竟会对出口贸易发展造成什么影响?影响程度有多大?并且出口贸易发展有多个维度,各个维度受到的影响是否不同?严格的环境规制是否能够实现生态环境保护和出口贸易稳健发展的"双赢"?为了回答以上问题,本书将对从不同视角对出口贸易发展进行多维分解,研究环境规制对不同维度的出口贸易发展有何影响。在当前经济转型的关键时期,对该问题的分析有利于推进生态环境和出口贸易协同发展,推动中国建设成为环境友好型的贸易强国。

---

[1] 党玉婷、盛丹:《全球价值链下中国对外贸易内涵污染研究》,《经济问题探索》2018 年第 7 期。

[2] Elrod A.A., Malik A.S., "The Effect of Environmental Regulation on Plant-Level Product Mix: A Study of EPA's Cluster Rule", *Journal of Environmental Economics and Management*, 2017, Vol.83, pp.164-184.

[3] 孙瑾、丁冉、王杰镭:《关于可持续贸易的研究进展》,《经济学动态》2020 年第 8 期。

二、研究内容与框架

经济全球化带来经济飞速发展的同时也导致生态环境逐渐恶化,并且环境污染问题逐渐成为遏制各国经济进一步发展的阻碍。人们开始寻求环境保护与经济发展的平衡,希冀既能实现环境保护又能确保经济长期持续发展。贸易作为经济发展的重要驱动力,人们关心环境规制将会对其造成什么影响。现有研究表明,环境规制是一把"双刃剑",能对出口贸易产生两种不同类型的影响:基于成本效应的出口受损和基于创新补偿效应的出口促进。

成本效应指的是由于环境规制的实施,相关企业为达到政策要求,不得不改变原有的生产决策,导致企业的生产成本增加,从而对企业经营绩效造成负面影响,削弱企业的市场竞争力(Mani 和 Wheeler,1998;Ederington 等,2005)[①]。具体地,企业生产成本增加主要体现在:生产前,企业需要获取污染排放权以及清洁能源和环保原材料,这主要是为了实现生产源头污染控制;生产中,企业需要购买环保型生产设备、进行环保技能培训、引进和学习环保工艺,这主要为了促成生产过程中的治污防污;生产后,企业需要治理污染物、进行废物利用、缴纳污染税费等,这主要是为了处理生产过程中带来的一系列污染物。因此,无论环境规制对企业的要求是体现生产前、生产中或生产后,相较于无环境规制的情形,企业的生产成本都会大幅提升。在其他条件不变的情况下,

---

① Mani M., Wheeler D.,"In Search of Pollution Havens? Dirty Industry in the World Economy, 1960 to 1995", *Journal of Environment & Development*, 1998, Vol.7, No.3, pp.215−215;Ederington J., Minier L.J.,"Footloose and Pollution-Free", *Review of Economics and Statistics*, 2005, Vol.87, No.1, pp.92−99.

生产的边际成本上升,会导致企业均衡产量下降。根据传统要素禀赋理论,此时企业出口产品的价格竞争优势将会被削弱,这无疑会抑制企业的出口(Copeland 和 Taylor,2004)①。创新补偿效应则指的是一定强度的环境规制会倒逼企业进行技术创新和升级,企业生产率得到提升,从而抵消环境规制带来的额外成本(Porter 和 Linde,1995)②。具体地,创新补偿效应为出口带来的积极作用表现为:当环境规制达到一定强度后,企业会进行防污治污技术创新,在此过程中,企业的生产效率可能会随之提高,资源配置结构更加优化,从而使产品的生产成本下降,企业利润提高,在国际贸易中占据更有利的地位(蒋伏心等,2013)③。

环境规制的成本效应与创新补偿效应实际上是围绕着生产成本、技术创新、生产率展开,不仅与出口贸易这一大主题联系紧密,而且也同出口贸易发展下的多个维度有着千丝万缕的关系。出口贸易竞争力是在出口贸易主题下被常常提及的重要指标,用以衡量一个整体的出口在国际市场上的综合水平。起初研究环境规制与出口贸易关系的文献,大多都以出口贸易竞争力这一角度入手。与上文的分析类似,环境规制对出口竞争力的影响同样基于两个效应展开。随着学界对中国出口贸易发展背后原因研究的深入,出口贸易发展的丰富内涵也得到多种解读。

出口技术复杂度是衡量贸易转型的重要指标,能够反映一国或地

---

① Copeland B.R., Taylor M.S., "Trade, Growth and the Environment", *Journal of Economic Literature*, 2004, Vol.42, No.1, pp.7–71.

② Porter M.E., Linde C., "Toward a New Conception of the Environment-Competitiveness Relationship", *Journal of Economic Perspectives*, 1995, Vol.9, No.4, pp.97–118.

③ 蒋伏心、王竹君、白俊红:《环境规制对技术创新影响的双重效应——基于江苏制造业动态面板数据的实证研究》,《中国工业经济》2013 年第 7 期。

区的出口商品结构。与出口产品多元化一样,和企业自身的生产率以及创新水平密切相关,因此也深受环境规制两个效应的影响。出口成本加成是提高出口附加值,实现出口贸易稳健发展的重要内容。本质上,影响出口成本加成的核心要素是价格与边际成本,它们都与生产成本、技术创新、生产力密切相关。因此,环境规制也同出口成本加成有着天然的联系。然而在现有文献中,较少有涉及环境规制对出口成本加成的影响,而对出口质量(谢靖、廖涵,2017)[1]、出口产品附加值(余东华、孙婷,2017)[2]、出口技术复杂度(余娟娟,2015)[3]等变量的影响研究较为丰富。但其实这些变量与出口成本加成具有高度的相关性(李胜旗、毛其淋,2017)[4],进而导致针对出口成本加成的文献较少。出口产品多元化是打破中国出口增长依靠集约边际的有效路径。从企业内部因素来看,出口产品多元化受到企业成本、企业生产率(Qiu和Zhou,2013)[5]等因素的影响。其中企业成本增加不利于出口产品多元化的提升(Nocke和Yeaple,2014)[6],但企业生产率的提高会通过增加各产品的盈利能力,进而促使企业提升产品多元化水平(Mayer,

---

[1] 谢靖、廖涵:《技术创新视角下环境规制对出口质量的影响研究——基于制造业动态面板数据的实证分析》,《中国软科学》2017年第8期。

[2] 余东华、孙婷:《环境规制、技能溢价与制造业国际竞争力》,《中国工业经济》2017年第5期。

[3] 余娟娟:《环境规制对行业出口技术复杂度的调整效应》,《中国人口·资源与环境》2015年第8期。

[4] 李胜旗、毛其淋:《制造业上游垄断与企业出口国内附加值——来自中国的经验证据》,《中国工业经济》2017年第3期。

[5] Qiu L.D., Zhou W., "Multiproduct Firms and Scope Adjustment in Globalization", *Journal of International Economics*, 2013, Vol.91, No.1, pp.142-153.

[6] Nocke V., Yeaple S., "Globalization and Multiproduct Firms", *International Economic Review*, 2014, Vol.55, No.4, pp.993-1018.

2014)①。因此,环境规制一方面会使出口企业增加额外成本,降低利润,进而影响企业出口决策,减少出口产品种类。另一方面可通过倒逼企业创新,提高企业生产率,进而对出口产品多元化产生正向影响。此外,随着中国经济发展进入新常态,如何实现中国经济可持续发展成为当下热点,出口贸易可持续发展是其中的热议话题。毋庸置疑的是,出口贸易可持续发展同样绕不开成本与创新,因此环境规制同样会对出口贸易可持续发展带来影响。

环境规制带来的两大效应作用方向相反,相关文献在考察环境规制对出口贸易发展的影响时,也往往考虑的是环境规制带来的综合影响。然而,文献仍然呈现出两种截然不同的结论。部分学者对结论达不成一致的原因进行分析,有观点认为可能是多数研究并未对环境规制的类型进行细分,而不同类型环境规制的作用机制和最后效果往往存在较大差异(Milliman 和 Prince,1989)②。现有文献的普遍做法是笼统地将污染物排放量(Berman 和 Bui,2001)③、污染治理费用(Hamamoto,2005)④等作为代理变量,然而这些变量与所考察的指标之间往往存在内生性问题,并且较难获取良好的工具变量进行解决(韩超、胡浩然,2015)⑤;也有观点从环境规制的创新补偿效应入手,认为

---

① Mayer T., Melitz M., Ottaviano G., "Market Size, Competition, and the Product Mix of Exporters", *CEP Discussion Papers*, 2012.

② Milliman S.R., Prince R., "Firm Incentives to Promote Technological Change in Pollution Control", *Journal of Environmental Economics and Management*, 1989, Vol.22, No.3, pp.247-265.

③ Berman E., Bui L., "Environmental Regulation and Productivity: Evidence from Oil Refineries", *Review of Economics & Statistics*, 2001, Vol.83, No.3, pp.498-510.

④ Hamamoto M., "Environmental Regulation and the Productivity of Japanese Manufacturing Industries", *Resource & Energy Economics*, 2006, Vol.28, No.4, pp.299-312.

⑤ 韩超、胡浩然:《清洁生产标准规制如何动态影响全要素生产率——剔除其他政策干扰的准自然实验分析》,《中国工业经济》2015 年第 5 期。

导 论

企业受到该效应的冲击后进行技术创新,但技术创新又可具体分为自主研发和技术引进两种不同方式,而这两种技术创新为出口贸易发展带来的影响也是具有差异的。

总的来说,环境规制对出口贸易发展的影响基于成本效应与创新补偿效应展开,但究竟最终的综合影响如何并未达成一致结论,背后原因可能是多方面的。因此,本书为较为全面细致地考察环境规制与出口贸易发展的关系,基于出口贸易发展的丰富内涵,将其具体细分为出口贸易竞争力、出口技术复杂度、出口成本加成、出口产品多元化以及出口贸易可持续,并将研究分为四大主题:梳理环境规制与出口贸易发展的相关文献并结合中国实际进行细致分析,整理环境规制、出口贸易发展的多维度测量方式,利用中国数据多角度地实证检验环境规制与出口贸易发展的关系,最终得到结论与相关政策启示。本书共分为导论及11章,具体结构与内容如下:

导论部分详细介绍本书研究的相关背景,包括中国目前出口贸易的现状以及面临的问题、中国当下的环境现状以及实施环境规制的具体进展。在此基础上,提出本书的研究目的、研究内容与框架,之后介绍本书的研究方法与可能的创新。

第一章为研究动态与中国适应性,首先梳理环境规制与出口贸易的相关文献,分析环境规制的出口贸易效应,随后在中国情境下,将出口贸易发展细分为具体不同维度,整理环境规制对不同维度的中国出口贸易发展的影响研究,理清研究的思路与逻辑,为后面的章节做好铺垫。

第二章为如何测度环境规制与出口贸易发展的不同维度,整理了以往文献中环境规制以及不同维度出口贸易发展的测量方式,明确不同测量方式的优缺点,并为后续的实证章节打下基础。

第三章至第十章均为实证章节,分别是环境规制对出口贸易竞争力、出口技术复杂度、出口成本加成、出口产品多元化、出口贸易可持续发展的实证检验。其中,出口贸易竞争力、出口技术复杂度是目前中国出口贸易发展研究领域中受到关注较多的话题,出口成本加成则是目前研究较少的话题,因此本书基于不同的角度,分别安排了两章内容对出口贸易竞争力、出口技术复杂度、出口成本加成进行实证研究。

第十一章为研究结论与研究展望,首先,对前面各章的研究内容进行归纳总结,并在此基础上提出相关的政策启示。最后,根据本书中仍然存在改进的地方,提出进一步的研究展望。

此外,可以通过图 0-1 更加清晰地了解本书的研究内容与研究框架。

三、研究方法与可能的创新

环境规制对出口贸易发展的影响研究涉及内容广泛,不仅需要对环境规制影响出口贸易发展的理论进行整理,而且也需要进行实践性检验。科学的研究方法能够帮助研究结论更加真实准确。借鉴以往文献的有益经验,本书采用文献研究法、定性分析法和计量模型法相结合的研究方法。文献研究法具体表现为,根据研究主题对相关文献进行梳理,归纳总结文献的研究成果,此举能够为我们提供研究思路,并且也便于我们将本书的研究结果进行对比分析。定性分析法具体表现为总结归纳环境规制影响出口贸易发展的理论机制,为实证检验提供研究的思路和切入点。计量模型法具体表现为,通过对相关数据的整合

导 论

环境规制与出口贸易行为：理论与中国经验

研究思路	研究内容	研究方法
提出问题	选题背景	
分析问题	文献综述	梳理总结分析 理论分析
文献梳理	环境规制与出口贸易研究综述 ／ 环境规制与中国出口贸易行为研究综述 环境规制负面贸易效应 ／ 环境规制正面贸易效应 ／ 环境规制不定向贸易效应 环境规制与出口贸易竞争力 环境规制与出口技术复杂度 成本效应 ／ 创新补偿效应 环境规制与出口成本加成 污染避难所假说 ／ 波特假说 环境规制与出口产品多元化 环境规制的出口贸易效应 环境规制与出口贸易可持续	
理论框架	变量测度	
指标测度	环境规制：基本概念、测度方式 具体出口贸易行为测度：出口贸易竞争力、出口技术复杂度、出口成本加成、出口产品多元化、出口贸易可持续	归纳分析 比较分析
实证检验	实证检验 环境规制与出口贸易竞争力 ／ 环境规制与出口技术复杂度 ／ 环境规制与出口成本加成 数字经济角度 ／ 技术创新角度 ／ 全要素生产率角度 ／ 研发能力角度 ／ 异质性角度 ／ 企业家精神角度 环境规制与出口产品多元化 ／ 环境规制与出口贸易可持续	系统分析 调节效应分析 中介效应分析 异质性分析 进一步分析
解决问题	总结 研究结论 ／ 研究启示 ／ 研究展望	总结分析

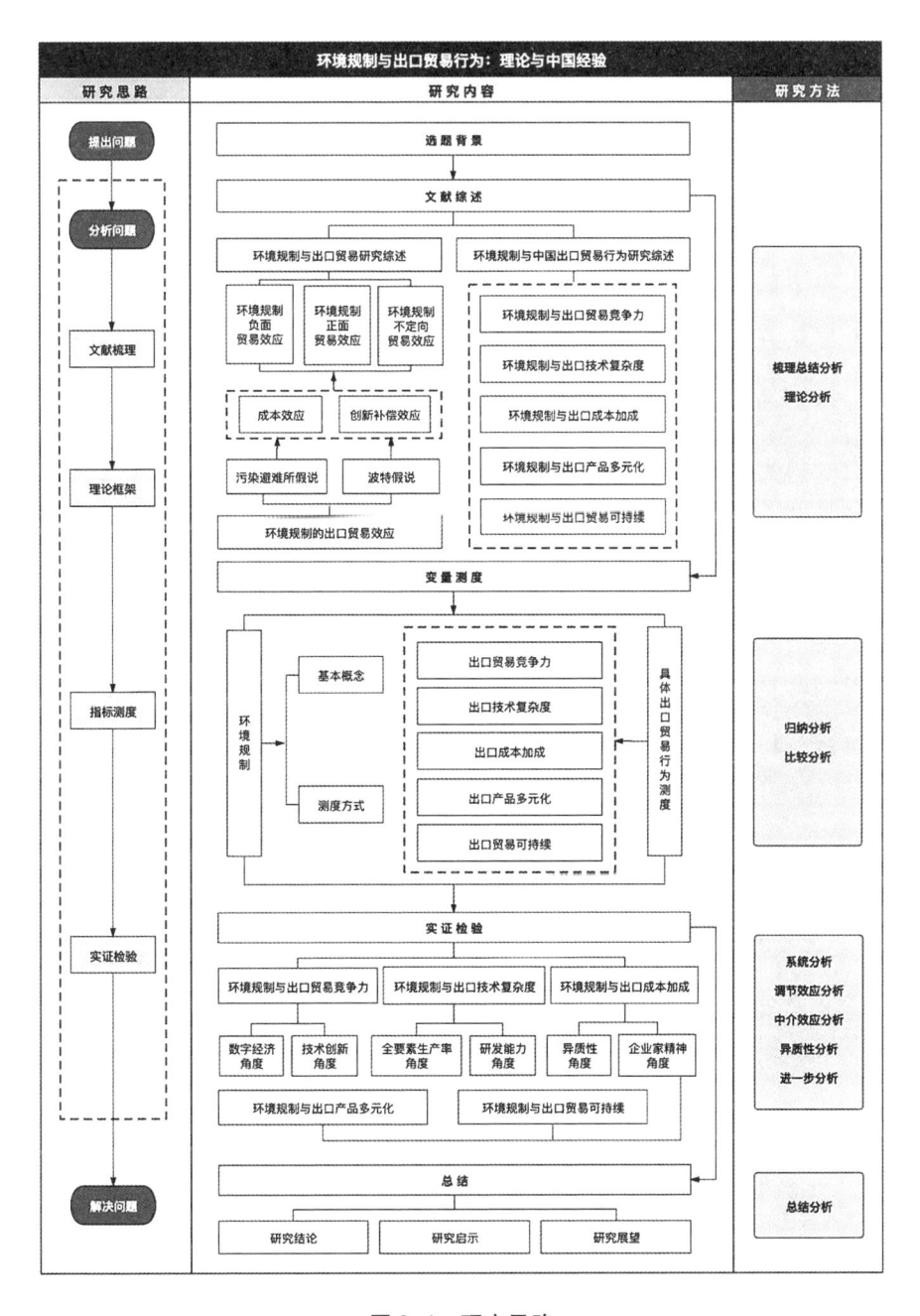

图 0-1 研究思路

清洗,形成多个层面的面板数据(包括企业、城市、省份、行业等层面),求得所需的相关指标,随后构建回归模型进行实证分析,考察环境规制对不同维度出口贸易发展的具体影响。此外,为进一步明晰该影响,还进行了多项拓展分析。

本书的创新之处在于:不同于以往文献仅研究环境规制对出口贸易发展某一维度的影响,本书将出口贸易发展进行多维分解,具体细分为出口贸易竞争力、出口技术复杂度、出口成本加成、出口产品多元化以及出口贸易发展可持续等多个维度。通过对相关文献的整理总结,采用合适的方式测量环境规制与出口贸易发展的不同维度以便后续展开研究,其中涉及的研究数据包括企业、行业、城市以及省级层面。此外,为了最大程度地展现环境规制对出口贸易发展的影响,实证章节都会根据各自的研究主题规划研究内容,比如异质性分析、动态分析、作用机制分析、空间效应分析等。

第一章 研究动态及中国适应性

第一节 环境规制与出口贸易

环境库兹涅兹曲线理论认为,生态环境保护与经济发展之间必然会经历一个过程,即在经济崛起过程中,经济发展会以牺牲生态环境为代价,该理论得到了历史的佐证。工业革命带来的迅速工业化导致严重的污染问题,令政策制定者不得不认真审视环境治理与经济发展的辩证关系。随着环境污染问题日益突出,多个国家开始实施环境规制,出口贸易作为经济发展中关键的一环首当其冲。同时,商品生产是环境污染的主要来源,而大部分商品的生产完成后都会指向贸易(孙瑾等,2020)①,因此环境规制必定会影响一国出口贸易,但究竟是何影响,现有文献尚未取得一致结论。

根据传统贸易理论,一国拥有某种更为丰富的要素禀赋或者更为先进的生产技术时,就会在国际贸易中拥有比较优势。随着环境保护意识的不断加重,环境规制强度不断提高,环境也逐渐成为一种生产要

---

① 孙瑾、丁冉、王杰镭:《关于可持续贸易的研究进展》,《经济学动态》2020年第8期。

素。一般地,一国的环境规制越宽松,该国生产的污染密集型产品在国际市场中就越具优势(任力、黄崇杰,2015)[1]。这主要是由于环境规制要求企业的生产活动达到环保要求,但不论是通过控制污染物排放标准还是通过提高污染治理的技术水平,都必然会增加企业生产成本,导致企业减少生产,从而抑制出口,即环境规制的成本效应(Jaffe 和 Stavins,1995)[2]。不少学者研究也证实了严格的环境规制的确会削弱一国相关产业的比较优势,进而抑制一国的出口贸易。Mani 和 Wheeler(1998)和 Ederington 等(2005)[3]研究发现高标准的环境规制会削弱一国相关产业的比较优势,并对该国的贸易模式产生一定的影响。进一步地,在该理论的分析框架下,环境规制宽松的国家或地区由于较低的生产成本而更具比较优势,在国际贸易中会取得更加有利的地位。因此,环境规制严格的发达国家会将高污染产业转移至环境规制宽松的发展中国家,发展中国家就成为了"污染避难所"。Cagatay 和 Mihci (2006)[4]从实证角度验证了这一结论。

但也有学者提出应该动态地考察环境规制对出口贸易的影响,其中最具影响力的观点是"波特假说"(Porter 和 Linde,1995)[5],认为适

---

[1] 任力、黄崇杰:《国内外环境规制对中国出口贸易的影响》,《世界经济》2015 年第 5 期。

[2] Jaffe A.B., Stavins R.N., "Dynamic Incentives of Environmental Regulations: The Effects of Alternative Policy Instruments on Technology Diffusion-ScienceDirect", *Journal of Environmental Economics and Management*, 1995, Vol.29, No.3, pp.S43-S63.

[3] Mani M., Wheeler D., "In Search of Pollution Havens? Dirty Industry in the World Economy, 1960 to 1995", *Journal of Environment and Development*, 1998, Vol. 7, No. 3, pp. 215-219. Ederington J., Minier L.J., "Footloose and Pollution-Free", *Review of Economics & Statistics*, 2005, Vol.87, No.1, pp.92-99.

[4] Cagatay S., Mihci H., "Degree of Environmental Stringency and the Impact on Trade Patterns", *Journal of Economic Studies*, 2006, Vol.33, No.1, pp.30-51.

[5] Porter M.E., Linde C., "Toward a New Conception of the Environment-Competitiveness Relationship", *Journal of Economic Perspectives*, 1995, Vol.9, No.4, pp.97-118.

当的环境规制会倒逼企业进行技术创新,从长期来看,该国相关产业会因此更具有比较优势,即环境规制的创新补偿效应。Jaffe和Palmer(1997)[1]对美国制造业的实证研究表明环境规制对研发投入具有显著的正向影响,说明环境规制确实有可能会促进创新。Costantini和Mazzanti(2011)[2]利用欧盟国家的制造业数据对该假说进行检验,发现环境规制的加强并没有抑制制造业的出口,同时伴随有技术进步的迹象,一定程度上印证了此观点。同样地,Ramanathan等(2017)[3]利用英国和中国企业层面数据检验了环境规制与技术创新的关系,研究结果符合"波特假说"。Wang等(2019)[4]利用OECD国家的行业数据也得到了类似结论,但环境规制强度存在一个临界值,如果超过这个临界值,环境规制的成本效应将大于创新补偿效应。

第二节　环境规制的出口贸易效应

如上所言,环境规制对出口的影响主要通过成本效应和创新补偿效应表现出来。其中,环境规制的成本效应会对出口贸易产生负面影

---

[1] Jaffe A. B., Palmer K. L., "Environmental Regulation and Innovation: A Panel Data Study", *Social Science Electronic Publishing*, 1997, Vol.79, pp.610-619.

[2] Costantini V., Mazzanti M., "On the Green and Innovative Side of Trade Competitiveness? The Impact of Environmental Policies and Innovation on EU Exports", *Research Policy*, 2012, Vol.41, No.1, pp.132-153.

[3] Ramanathan R., He Q., Black A., et al., "Environmental Regulations, Innovation and Firm Performance: A Revisit of the Porter Hypothesis", *Journal of Cleaner Production*, 2016, Vol.155, No.2, pp.79-92.

[4] Wang Y., Sun X., Guo X., "Environmental Regulation and Green Productivity Growth: Empirical Evidence on the Porter Hypothesis from OECD Industrial Sectors", *Energy Policy*, 2019, Vol.132, pp.611-619.

响,创新补偿效应则会促进出口贸易。为了令读者更加深刻理解环境规制两种效应带来的影响,以下进行具体分析。

1. 成本效应

成本效应是指由于环境规制的存在,企业的生产成本将会提高,从而对企业经营绩效造成负面影响,削弱企业的贸易竞争力。环境规制的成本效应在生产的不同阶段表现形式不同:在生产前,成本效应主要表现为污染排放权以及清洁能源和环保原材料的获取,这部分成本投入的目的在于从生产源头控制污染;在生产中,成本效应主要表现为环保型生产设备、环保技能培训、环保工艺引进学习的需要,这部分成本投入主要用于生产过程中的治污防污;在生产后,成本效应主要表现为污染治理、废物利用、缴纳污染税费等,这部分成本投入可以处理生产过程中已然存在的污染。无论在生产前、生产中或生产后,相较于无环境规制的情形,企业的生产成本将会被重新分配,其中用于环保治污的成本将会大大提高。假定企业生产成本短期不变,则用于环保治污的成本将会产生两种效应:一方面,环保治污成本使企业原本用于生产的总资金需要分配出一部分,使生产符合环境规制要求,这会产生生产挤出效应;另一方面,在开放经济中,由于严格环境规制的存在,企业会选择环境规制较宽松的国家或地区进行生产,以规避环保成本,这会产生投资挤出效应,即"污染避难所"假说。

在此,根据传统的西方经济学理论,假定一个短期的完全竞争市场,建立成本函数和成本方程:

$$C = F(L, \bar{K}) \tag{1-1}$$

$$STC = w \cdot L(Q) + TFC \tag{1-2}$$

其中,C 表示短期总成本,L 表示短期可变的劳动要素投入,$\bar{K}$ 表示

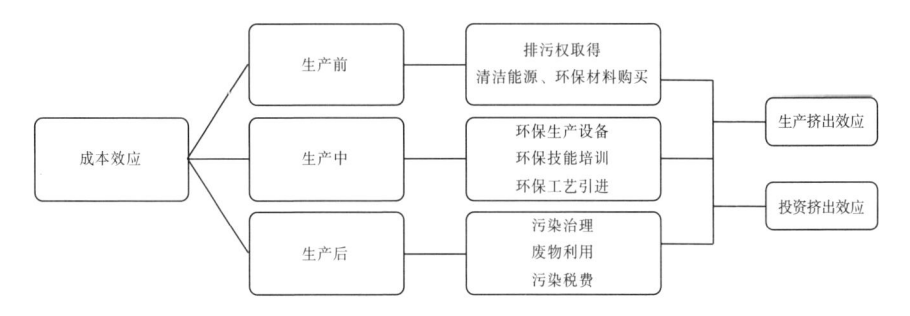

图 1-1 环境规制的成本效应分析

短期不变的资本要素投入；STC 表示短期总成本方程，$L(Q)$ 表示劳动的供给函数，w 表示劳动要素价格，TFC 为总不变要素投入。则边际成本 MC 为：

$$MC = w \cdot \frac{\mathrm{d}L(Q)}{\mathrm{d}Q} = w \cdot \frac{1}{MP_L} \tag{1-3}$$

MP_L 为劳动的边际产量。当环境规制存在后，假定环境亦为一种生产要素，且环境要素的增加不会促进创新，仅会增加生产成本。此时环境要素投入取决于产量，则该环境要素为一种可变要素。此时短期成本函数和成本方程为：

$$C = F(L, E, \bar{K}) \tag{1-4}$$

$$STC = w \cdot L(Q) + t \cdot E(Q) + TFC \tag{1-5}$$

其中，E 为环境要素投入，t 为环境要素价格，$E(Q)$ 为环境要素的供给函数。则引入环境要素后的边际成本为：

$$MC' = w \cdot \frac{\mathrm{d}L(Q)}{\mathrm{d}Q} + t \cdot \frac{\mathrm{d}E(Q)}{\mathrm{d}Q} = w \cdot \frac{1}{MP_L} + t \cdot \frac{1}{MP_E} \tag{1-6}$$

在其他条件不变的情况下，环境要素的引入必然会使边际成本上升，即 $MC' > MC$。完全竞争市场的均衡条件为 $MR = MC$，如图 1-2 所示,在未引入环境要素前,MR 曲线与 MC_1 曲线交于 E_1 点,此时的均衡产量为 Q_1;引入环境要素后,边际成本 MC 增加,对应的 MC_1 曲线上移至 MC_2,均衡产量为 Q_2,显然 $Q_2<Q_1$,产量下降。

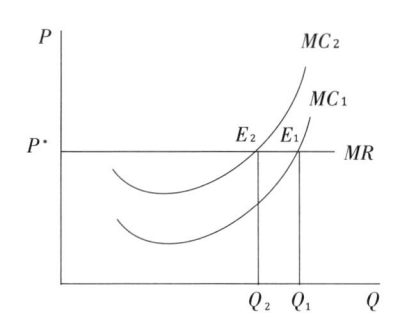

图 1-2 平均成本增加导致均衡产量下降

由上述推导可知,当环境规制作为一种可变要素被引入时,生产的边际成本将会上升,在其他条件不变的情况下,均衡产量会下降。产品边际成本上升是环境要素导致的,根据传统的要素禀赋理论,此时该产品在出口时不再具备价格竞争优势。发达国家实施的环境规制更为严格,令其出口产品优势被大大削弱,因此这些国家会选择将生产转移到环境规制宽松的发展中国家,中国也曾是被转移的国家之一,傅京燕和李丽莎(2010)[①]运用比较优势和要素禀赋理论,证明了污染避难所假说在中国是符合的。

2. 创新补偿效应

创新补偿效应是指为了符合环境规制的要求,企业会进行技术创新,该创新不仅会达到原本的环保目的,还可以通过改进生产率、提高产品质量等途径提高贸易竞争力。创新补偿效应最初是由 Porter 和

---

① 傅京燕、李丽莎:《环境规制、要素禀赋与产业国际竞争力的实证研究——基于中国制造业的面板数据》,《管理世界》2010 年第 10 期。

Linde(1995)①提出的,被称为"波特假说",认为一定强度的环境规制能够激励创新、抵消成本、提高生产效率,使企业在国际市场上更具竞争力。在作用机制上,创新补偿效应表现为:环境规制达到一定强度后,倒逼企业进行防污治污技术创新,在此过程中,企业的生产效率可能会随之提高,资源配置结构更加优化,从而使产品的生产成本下降,企业利润提高,在国际贸易中占据更有利的地位。

创新效应 → 生产效率提高 资源配置优化 → 生产成本下降 企业利润增加 → 贸易竞争力增强

图 1-3 环境规制的创新补偿效应分析

在此,为了说明环境规制促进技术创新,进而提高贸易竞争力的过程,我们在(1-1)—(1-6)式的基础上,假定环境要素达到一定强度后可以促进创新,表现为环境要素的边际产量MP_E增加。相较于无技术创新情形下(1-6)式中的边际成本MC',在其他条件不变的情况下,当MP_E增加时,相应的MC'下降。在图1-2中,表示为MC_2曲线下移至MC_1位置,均衡产量增加,边际成本下降,这意味着企业利润增加,可以通过价格和进一步的技术创新,在国际贸易中更具竞争力。

3. 具体效应

随着环境规制相关研究的深入,国内外学者在研究环境规制对出口贸易的影响时,基于成本效应与创新补偿效应又进行了拓展分析,得到以下新的效应:

(1)价格效应:异质型环境规制会通过高生产标准加重企业的治

---

① Porter M.E., Linde C., "Toward a New Conception of the Environment-Competitiveness Relationship", *Journal of Economic Perspectives*, 1995, Vol.9, No.4, pp.97-118.

理成本,从而带动企业生产成本增加,进而使得企业产出产品的平均成本上升。在市场供需、消费者偏好和汇率等条件不变的情况下,产品价格的上升会引起国际需求的下降,进而企业出口产品的国际竞争力趋于减弱。

(2)挤占效应:异质型环境规制通过将环境治理的外部成本向企业内部化,加重企业的成本负担,企业被迫往污染治理方向投入更多资金,从而挤占企业的创新研发资金,抑制企业技术研发能力的提升,进而弱化产品的国际竞争优势。

(3)要素替代效应:不同的环境规制方式虽在实施主体、方式上存在差异,但究其本质,都是对企业生产的一种约束行为。异质型环境规制通过限制企业的经营决策行为,使得企业不能达到资源最优利用的目标,从而引起一定程度上的资源扭曲效应,阻碍企业生产效率的提高,进而不利于企业产品的出口贸易(黄永明、何剑峰,2017)[1]。

(4)激励效应:多元化的环境规制政策会通过给企业施加长期的成本压力,逼迫企业进行生产技术的改进,从而提升企业的总体生产效率,推进被规制企业出口贸易进步。

(5)产品转换效应:企业的生产过程中,异质型环境规制政策会给企业带来不同的成本负担,在不同的环境规制的约束和收益最大化的驱动下,企业会选择最优的生产可能性组合,在符合规范的同时使自身的成本最小化,进而提升产品的整体质量水平,促进企业的出口贸易发展(高翔、袁凯华,2020)[2]。

---

[1] 黄永明、何剑峰:《环境规制差异对出口升级的影响——基于我国省际面板数据的研究》,《国际商务(对外经济贸易大学学报)》2017年第1期。
[2] 高翔、袁凯华:《清洁生产环境规制与企业出口技术复杂度——微观证据与影响机制》,《国际贸易问题》2020年第2期。

(6)进入退出效应:高强度的异质型环境规制会加剧企业间的市场争夺,使得生产技术落后、创新能力不足和环保水平不达标的企业退出市场(刘悦,2018)①。在准入方面,现有的环境规制给新进企业一种门槛效应,企业想要进入市场必须符合生产规范,因此环境治理成本将作为进入企业的沉没成本,进而优化行业的生产效率与质量,促进整体出口贸易进一步发展。

需要说明的是,以上效应都是从最基本的成本效应和创新补偿效应出发,各个学者基于自己的研究主题进行细致研究所得,由于环境规制的相关文献丰富,本书囿于研究精力限制仅列出六项供读者学习思考,实际上这背后的具体效应还有很多,读者有兴趣可以自行查阅相关文献阅读。而本书的目的是为了探究环境规制对出口贸易发展的影响,而不是环境规制之下哪些具体细分效应会影响出口贸易发展,因此本书的研究内容还是围绕于环境规制的两大效应,即成本效应和创新补偿效应。当然,探究环境规制两大效应之下具体哪些效应会影响出口贸易发展是本书下一步的研究方向。

第三节 环境规制与中国出口贸易发展

为了使国内经济得到快速发展,国家综合实力得到快速提高,绝大多数发展中国家往往会选择牺牲环境来换取经济效益,中国也不例外。但随着中国经济进入高质量发展阶段,人民对优美生态环境的需要日

---

① 刘悦、周默涵:《环境规制是否会妨碍企业竞争力:基于异质性企业的理论分析》,《世界经济》2018年第4期。

益增长,"绿水青山就是金山银山"的发展理论成为全社会共识,"先污染后治理"的发展模式被断然摒弃,推动生态文明建设与经济社会发展各方面深度融合成为中国新时代的主旋律。特别是党的十八大以来,习近平总书记在多个场合反复强调,生态文明建设是关系中华民族永续发展的根本大计。生态文明建设被纳入中国特色社会主义事业总体布局中,"美丽中国"成为社会主义现代化强国的奋斗目标。中国政府为了给生态文明建设提供可靠保障,主张实施最严格的环境制度、最严密的环境法治,体现了中国对环境污染治理的决心。同时,环境友好型、资源节约型的发展模式也正是中国实现从贸易大国向贸易强国转变的核心要义。然而,目前中国的出口贸易模式依旧以高污染高能耗为主,那么在环境规制的大浪潮下,中国的出口贸易发展会受何影响?

一、环境规制与中国出口贸易竞争力

近些年,随着中国环境问题的日益凸显和环境规制政策的逐步推出,一些学者开始考察中国的环境规制政策对出口贸易竞争力的影响,但研究结论也未达成一致。例如 Hering 和 Poncet(2014)[1]利用相关数据考察环境规制对中国出口贸易的影响,结果显示环境规制越强越抑制出口贸易发展。然而李小平等(2012)[2]的研究却显示环境规制强度的提高会带来出口比较优势的提升。此外,也有许多学者研究发现,上述两种相反的结论并不完全是对立的,在一些研究中,环境规制的作用

---

[1] Hering L., Poncet S., "Environmental Policy and Exports: Evidence from Chinese Cities", *Journal of Environmental Economics & Management*, 2014, Vol.68, No.2, pp.296-318.

[2] 李小平、卢现祥、陶小琴:《环境规制强度是否影响了中国工业行业的贸易比较优势》,《世界经济》2012 年第 4 期。

可以同时通过成本效应和创新补偿效应表现出来。李怀政和林杰(2011)[①]认为环境规制在强度较低时对出口贸易竞争力有抑制作用,但随着强度的提升,则对出口贸易竞争力的促进作用十分明显。有学者利用1998—2008年中国工业行业面板数据,采用三种比较优势指标进行经验分析,研究得出环境规制有利于工业行业比较优势的提升,但存在门槛效应,即环境规制与贸易比较优势之间存在倒"U"形关系。这主要是由于创新补偿效应具有滞后性(张成等,2011)[②],实证结果便会显示环境规制与出口是呈"U"形关系。同时这令环境规制与出口贸易之间的关系更显复杂。不过不难看出,环境规制主要通过对技术创新的成本效应和创新补偿效应影响一国或一行业的出口贸易竞争力,并且这种影响关系可能是非线性的。为了进一步研究环境规制与中国出口贸易竞争力的关系,本书将在第三、四章基于不同角度进行实证检验。

随着国际贸易研究的深入,学者针对出口贸易发展的讨论不再局限于出口贸易竞争力,出口贸易发展的内涵得到了丰富拓展,学者们力求用更细致鲜明的指标反映出口贸易发展的方方面面,中国学者也并不例外。这一节选取中国出口贸易发展中较有代表性的出口技术复杂度、出口成本加成、出口产品多元化、出口贸易可持续发展维度,结合中国国情,梳理环境规制与以上行为的关系,以求更完善地呈现环境规制对出口贸易发展的影响。

---

① 李怀政、林杰:《环境规制的出口贸易效应实证研究——基于中国14个工业行业的ECM模型》,《江苏商论》2011年第4期。

② 张成、陆旸、郭路等:《环境规制强度和生产技术进步》,《经济研究》2011年第2期。

二、环境规制与出口技术复杂度

许多学者在理论基础上深入研究环境规制与中国出口贸易发展的相关问题,包括环境规制与中间品出口、环境规制与出口二元边际、环境规制与出口质量升级、环境规制与出口附加值等。如李宏兵和赵春明(2013)[①]基于中美行业面板数据,研究环境规制与中国中间品出口的关系。张胜满和张继栋(2016)[②]基于动态GMM估计方法,研究环境规制与出口二元边际,发现环境规制能促进集约边际。刘家悦和谢靖(2018)[③]基于要素投入结构异质性的视角,研究环境规制对不同行业出口质量升级的影响机理。王毅和黄先海等(2019)[④]采用双重差分法证实了环境规制可以倒逼企业出口国内附加值率,但存在行业和地区层面的异质性效应。

已有文献为我们理解环境规制与中国出口贸易发展提供了有益借鉴,需要指出的是,中国已步入高质量发展阶段,中低端制造业作为传统对外出口的主导,出口产品技术含量低、对外出口结构不完善,使得对外出口的核心竞争力欠缺且使出口国环境逐步恶化,不符合新发展理念。中国出口产品的技术含量和出口商品结构都需要进一步提升与

---

① 李宏兵、赵春明:《环境规制影响了我国中间品出口吗——来自中美行业面板数据的经验分析》,《国际经贸探索》2013年第6期。

② 张胜满、张继栋:《产品内分工视角下环境规制对出口二元边际的影响——基于两步系统GMM动态估计方法的研究》,《世界经济研究》2016年第1期。

③ 刘家悦、谢靖:《环境规制与制造业出口质量升级——基于要素投入结构异质性的视角》,《中国人口·资源与环境》2018年第2期。

④ 王毅、黄先海、余骁:《环境规制是否降低了中国企业出口国内附加值率》,《国际贸易问题》2019年第10期。

完善,出口技术复杂度因而受到学界关注。基于环境规制与出口的理论框架,更多学者认为成本效应与创新补偿效应并不是单一存在的,环境规制对出口技术复杂度的影响通过这两种效应同时展现出来。且环境规制的强度存在一定的适度区间。环境规制与对外出口商品技术结构的关系并非是简单的线性关系,且结论并不统一。余娟娟(2015)①基于环境规制的"补偿效应"与"抵消效应",刻画出环境规制强度与出口技术复杂度之间的"U"形非线性关系。肖晓和陈志鹏(2019)②提出环境规制对出口技术复杂度升级的促进效应可实现最优的条件是环境规制的强度处于适度区间中。过强或过弱的环境规制均不利于升级出口技术复杂度。当环境规制的强度超过适度区间,不能与经济发展水平和人力资本发展相匹配时,一味加强环境规制会使之与出口技术复杂度之间的关系就从"U"形转变为倒"N"形。

可见,由于不同的环境规制具有的成本效应与创新补偿效应强度不同,环境规制对出口技术复杂度的影响不尽相同。因此,环境规制对出口技术复杂度的影响仍有进一步探讨的必要,研究异质型环境规制具有重要意义。另外,为进一步研究环境规制与出口技术复杂度之间的内部传导机制,后文我们将全要素生产率以及研发能力分别纳入中介效应模型,考察环境规制与出口技术复杂度之间可能的作用渠道。

为此,本书将于第五、六章中从实证层面检验环境规制对中国出口技术复杂度的影响。在此基础上,借鉴不同学者的分类方法对环境规制进行分类,一章将环境规制划分为命令型环境规制、激励型环境规制

---

① 余娟娟:《环境规制对行业出口技术复杂度的调整效应》,《中国人口·资源与环境》2015年第8期。

② 肖晓军、陈志鹏:《环境规制对出口商品技术复杂度的影响效应及其约束条件——基于我国省际面板数据的门槛回归分析》,《财经论丛》2019年第10期。

和自愿型环境规制进行实证检验,一章将环境规制划分为前端控制型与末端治理型,从环境规制异质性的角度剖析不同的环境规制对于出口技术复杂的提升有何差异。进一步地,将全要素生产率以及研发能力引入中介效应模型,研究环境规制对出口技术复杂度可能的传导机制。

三、环境规制与出口成本加成

出口成本加成表示产品出口价格与边际成本的偏离程度,其高低综合反映产品出口竞争能力,同时也是衡量企业市场势力和盈利能力的关键(祝树金、张鹏辉,2015)①。国内外学者对于成本加成的影响因素进行了大量研究。早期多集中于宏观经济层面,比如市场竞争、进出口贸易等(孙辉煌、兰宜生,2008)②。近年来,随着 Melitz 和 Ottaviano (2008)③构建异质性企业模型,将成本加成内生化,大量文献试图从创新和生产率两条途径,解释各种因素对企业层面成本加成的影响及其作用机制:刘德学和钟湘玥(2020)④研究发现,企业能够通过创新降低需求价格弹性,进而提升成本加成;余淼杰和袁东(2016)⑤发现外国关

---

① 祝树金、张鹏辉:《出口企业是否有更高的价格加成:中国制造业的证据》,《世界经济》2015 年第 4 期。
② 孙辉煌、兰宜生:《贸易开放、不完全竞争与成本加成——基于中国制造业数据的实证分析》,《财经研究》2008 年第 8 期。
③ Mayer T., Melitz M., Ottaviano G., "Market Size, Competition, and the Product Mix of Exporters", *CEP Discussion Papers*, 2012.
④ 刘德学、钟湘玥:《国外上游垄断、贸易政策与本土企业加成率》,《当代财经》2020 年第 10 期。
⑤ 余淼杰、袁东:《贸易自由化、加工贸易与成本加成——来自我国制造业企业的证据》,《管理世界》2016 年第 9 期。

税的上升通过提高生产率提升了企业成本加成;刘啟仁和黄建忠(2016)①综合考虑了企业创新与生产率的变化对企业成本加成的影响。而环境规则带来的效应包括成本效应与创新补偿效应,可以分别对应生产率和创新,这意味着环境规制与出口成本加成也许存在着某种联系。与此同时,环境规制与提升出口成本加成率分别对应于经济可持续发展的环境方面和贸易方面,在促进贸易进一步发展同时提高治污能力是实现经济可持续发展的关键(包群、彭水军,2006)②,因此研究环境规制与出口成本加成的关系具有重要的现实意义。

但在众多已有文献中,较少探讨环境规制对中国出口成本加成的影响,或许是由于环境规制对出口质量、出口产品附加值、出口技术复杂度等中国出口贸易发展的影响研究较为丰富:谢靖和廖涵(2017)③研究发现环境规制通过贸易成本对制造业行业出口质量产生"U"形动态影响,李梦洁和杜威剑(2018)④进一步基于企业层面得出环境规制会提高生产率,进而提升出口质量;黄永明和何剑峰(2017)⑤利用省级面板数据,发现"事前控制型"环境规制对出口技术复杂度的促进作用随出口技术水平提高而呈倒"U"形变化;谢靖和廖涵(2017)⑥利用华

---

① 刘啟仁、黄建忠:《产品创新如何影响企业加成率》,《世界经济》2016年第11期。
② 包群、彭水军:《经济增长与环境污染:基于面板数据的联立方程估计》,《世界经济》2006年第11期。
③ 谢靖、廖涵:《技术创新视角下环境规制对出口质量的影响研究——基于制造业动态面板数据的实证分析》,《中国软科学》2017年第8期。
④ 李梦洁、杜威剑:《环境规制与企业出口产品质量:基于制度环境与出口持续期的分析》,《研究与发展管理》2018年第3期。
⑤ 黄永明、何剑峰:《环境规制差异对出口升级的影响——基于我国省际面板数据的研究》,《国际商务(对外经济贸易大学学报)》2017年第1期。
⑥ 李梦洁、杜威剑:《环境规制与企业出口产品质量:基于制度环境与出口持续期的分析》,《研究与发展管理》2018年第3期。

东六省一市的面板数据,研究发现无论以污染物排放强度还是以污染治理程度衡量的环境规制,其强度加大都不利于出口技术复杂度的提升。不难发现,一方面,上述变量与出口成本加成都是衡量出口竞争力的有效变量;另一方面,影响出口成本加成的核心要素为价格与边际成本,也是影响出口质量和出口产品附加值等因素的重要变量,这些因素与出口成本加成在总体上具有高度的相关性,导致针对出口成本加成的研究易受忽略。

尽管出口成本加成与出口质量、出口产品附加值等变量高度相关,但研究环境规制与出口成本加成的关系仍然十分有必要。出口成本加成对中国出口贸易发展有着重要的意义,而且环境规制带来的成本效应和创新补偿效应会明显影响出口成本加成。由于出口成本加成会基于产品出口价格与边际成本的波动而发生变化,更加适合微观层面研究视角。因此,本书将于第七、八章从微观企业层面具体研究环境规制对中国出口成本加成的影响,随后分别进行异质性分析,作用机制分析以及空间效应分析,以求为环境规制与出口成本加成的相关研究提供研究思路。

四、环境规制与出口产品多元化

现有文献较少涉及环境规制对中国出口产品多元化的影响,但学者们对环境规制影响出口产品范围、扩展边际的关注较多。一般地,出口产品范围的扩大意味着出口产品多元化程度的提升,且从贸易的二元边际视角看,出口市场数和出口产品种数共同构成了企业出口的扩展边际,因此现有文献在研究扩展边际时自然无法避免对出口产品多元化的探讨。基于此,对出口产品范围和扩展边际方面文献的细致梳理,能为研究环境规制对出口产品多元化影响提供依据。

关于环境规制与出口产品范围方面:杜威剑和李梦洁(2017)[①]基于成本和竞争两方面考虑,发现环境规制政策提高企业固定成本,进而造成污染密集型企业出口产品范围缩小,同时在环境规制政策"逼迫"下,污染企业逐渐转向清洁企业,造成清洁企业面临的竞争加剧,致使清洁企业出口产品范围扩张受到抑制。应瑞瑶和田聪聪(2020)[②]研究发现:"节能减排"政策通过陈旧产品剔除效应和创新产品新增效应来影响出口产品范围的调整。关于环境规制与扩展边际方面:张胜满和张继栋(2016)[③]利用综合指数法测算环境规制强度,研究得出环境规制与扩展边际之间存在"U"形关系。

通过上述文献梳理可知,环境规制政策确实对出口产品范围和出口扩展边际产生了影响。尽管出口产品范围调整、出口扩展边际与出口产品多元化存在高度相关性,但出口产品多元化与出口产品范围调整相比,后者更多涉及企业内部资源配置(易靖韬、蒙双,2018)[④],较多关注企业决策的权衡与决策问题,而出口产品多元化更能显示其对出口贸易可持续的贡献和在建设贸易强国中的地位,更具有正向意义。相对于扩展边际而言,出口产品多元化概念更加细化,较少考虑出口市

[①] 杜威剑、李梦洁:《反倾销对多产品企业出口绩效的影响》,《世界经济研究》2018年第9期。

[②] 应瑞瑶、田聪聪、张兵兵:《"节能减排"政策、出口产品范围调整与企业加成率》,《东南大学学报(哲学社会科学版)》2020年第4期。

[③] 张胜满、张继栋:《产品内分工视角下环境规制对出口二元边际的影响——基于两步系统GMM动态估计方法的研究》,《世界经济研究》2016年第1期。

[④] 易靖韬、蒙双:《贸易自由化、企业异质性与产品范围调整》,《世界经济》2018年第11期。

场数变化的情况,重点强调出口产品种数增加的情形。因此我们探究出口产品多元化是否会受到环境规制的影响,既是对出口产品范围方面文献的扩展,又是对环境规制影响出口扩展边际的细化。此外,现有文献研究环境规制影响出口产品范围、扩展边际时,主要基于成本效应考虑,学者们认为环境规制造成出口企业成本增加,进而促使企业缩小产品范围,将出口主要向核心产品倾斜,但较少有文献从环境规制的创新补偿效应方面研究其对中国出口产品多元化的影响。

为此,本书将在第九章基于多产品异质性企业理论框架,从环境规制的创新补偿效应入手研究省际环境规制对中国出口产品多元化的影响,并对此背后的作用机制进行解释。

五、环境规制与出口贸易可持续

中国对外贸易自改革开放以来发展迅猛,由原来的微不足道成为中国现阶段经济发展重要的引擎,同时也是世界贸易经济的组成部分。然而,中国的对外贸易发展走的是粗放型道路,以牺牲环境和资源为代价获取快速贸易总量的增长。事实上,中国这种高能耗高污染的出口贸易模式一直饱受争议,一方面是因为中国出口产品的低成本冲击到一些国家的出口,另一方面是中国出口产品中可能会包含不环保的物质。随着全球气候变暖问题逐渐受到各国重视,越来越多国家将环境因素设置为贸易技术壁垒。欧盟就曾对中国出口玩具实施绿色贸易壁垒,大大打击了中国玩具的出口(李昭华、蒋冰冰,2009)[1]。再加之目

---

[1] 李昭华、蒋冰冰:《欧盟玩具业环境规制对我国玩具出口的绿色壁垒效应——基于我国四类玩具出口欧盟十国的面板数据分析:1990—2006》,《经济学(季刊)》2009年第3期。

前全球经济滞缓、贸易主义保护盛行,中国面临着越发"挑剔"的国际贸易市场。此外,中国国内环境污染问题也日趋严重。中国政府考虑国内国际形势,高度重视环境污染治理,要求企业生产活动逐渐向清洁化靠拢,以期寻求环境与贸易的协调发展。

环境规制有助于解决国内环境问题的同时,也会对一国贸易发展可持续产生影响,但具体是何影响,学界尚未达成一致结论。主要形成了两派观点:成本效应和补偿效应,前者认为环境规制会增加企业生产成本,阻碍出口贸易可持续发展(Copeland 和 Taylor,2004)①,后者认为环境规制反而会促进企业创新,更新技术,促进出口贸易可持续发展(Porter 和 Linde,1995)②。许多学者对结论无法统一的原因进行解释。一代表性观点认为许多研究中将环境规制变量当作外生给定,忽略贸易因素也会对一国环境规制造成影响,是导致研究结果不一致的重要原因(Ederington 和 Minier,2003)③。有学者的研究证明了这一点,傅京燕和赵春梅(2014)④研究发现,环境规制是否内生会引起行业出口比较优势的变化结果不同。另一代表性观点认为,不同类型的环境规制往往存在不同的作用机制和最终效果(Milliman 和 Prince,1989)⑤。而现有文献大多并未将环境规制进行具体细分,仅利用污染排放量、污

---

① Copeland B.R.,Taylor M.S.,"Trade,Growth and the Environment",*Journal of Economic Literature* 2004,Vol.42,No.1,pp.7-71.

② Porter M.E.,Linde C.,"Toward a New Conception of the Environment-Competitiveness Relationship",*Journal of Economic Perspectives*,1995,Vol.9,No.4,pp.97-118.

③ Ederington J.,Minier L.J.,"Footloose and Pollution-Free",*Review of Economics & Statistics*,2005,Vol.87,No.1,pp.92-99.

④ 傅京燕、赵春梅:《环境规制会影响污染密集型行业出口贸易吗?——基于中国面板数据和贸易引力模型的分析》,《经济学家》2014 年第 2 期。

⑤ Milliman S.R.,Prince R.,"Firm Incentives to Promote Technological Change in Pollution Control",*Journal of Environmental Economics and Management*,1989,Vol.22,No.3,pp.247-265.

染治理治理费用、绩效综合指标等代理变量进行笼统概括,难免会带来结论不一致问题。

2003年起,中国政府对部分行业集中推行清洁生产标准,这不仅可以作为一项准自然实验有效解决内生性问题,而且清洁生产标准聚焦于环境规制具体手段中的源头污染控制,能够较好地解决以上问题。众多学者对此展开研究,涉及主题有绩效考察、企业就业吸纳、企业生产率等(刘伟明,2014;张慧玲、盛丹,2019a;张慧玲、盛丹,2019b)[1],关于出口贸易可持续发展的研究极少。其中与出口相关的文献中,张彩云(2019)[2]选用出口量来展开研究,认为清洁生产标准的实施短期内会抑制企业出口,但长期可以通过提升生产率促进企业出口。然而随着全球垂直专业化分工的深入,出口贸易"量"上的优势不等同于一国能在国际上拥有较高的分工地位或较好的贸易条件,不能代表该国出口贸易实现了可持续发展。另有学者从出口技术复杂度着手,认为清洁生产标准可以带来生态环境改善的同时实现出口技术复杂度的提升。但技术复杂度的提高只能反映出口结构发生优化(施炳展等,2013)[3],说明更多部门去生产高技术的产品,但其最终产品是否能在国际市场中脱颖而出就不得而知了。实际上,新新贸易理论先后提出的生产率异质性模型和产品质量异质性模型揭示了,一国或地区的出

---

[1] 刘伟明:《环境污染的治理路径与可持续增长:"末端治理"还是"源头控制"?》,《经济评论》2014年第6期;张慧玲、盛丹:《前端污染治理对我国企业生产率的影响——基于边界断点回归方法的研究》,《经济评论》2019年第1期;张慧玲、盛丹:《前端污染治理与我国企业的就业吸纳——基于拟断点回归方法的考察》,《财经研究》2019年第1期。

[2] 张彩云:《科技标准型环境规制与企业出口动态——基于清洁生产标准的一次自然实验》,《国际贸易问题》2019年第12期。

[3] 施炳展、王有鑫、李坤望:《中国出口产品品质测度及其决定因素》,《世界经济》2013年第9期。

口产品能否被国际市场持续青睐,往往取决于产品价格和产品质量两方面。然而现有文献较少能综合考虑以上两个方面,大多从价格或质量的某一方面对中国出口贸易的持续发展进行解释。具体地,价格优势观点假定产品具有同质性,不仅忽略了产品质量因素,并且也同中国产品主要出口于欧美发达经济体的事实不符。质量优势观点则得不到中国出口产品质量提升的现实支撑。而"性价比"恰恰能综合反映产品价格和产品质量两方面,一个商品的"性价比"越高,越能够在国际市场上占据优势,出口发展越可持续(廖涵、谢靖,2018)[①]。此外,"性价比"概念也逐渐在经济学其他领域得到了初步运用。

以上文献为我们理解环境规制对出口贸易可持续发展的影响提供了分析思路,但也发现了些许局限。既有研究环境规制与出口贸易关系的文献存在结论不一致的问题,这可能是由于忽略内生性和未区分具体规制手段所致。为此,有学者利用中国实施清洁生产标准作为一项准自然实验展开相关研究。然而,与出口相关的文献较少,同时相关文献中的研究指标难以反映出中国出口贸易可持续水平。

为此,本书将在第十章基于中国对部分行业推行清洁生产标准的特征事实,利用出口"性价比"衡量出口贸易可持续水平,研究源头污染控制对企业的影响,并对此背后的作用机制进行解释。

---

① 廖涵、谢靖:《"性价比"与出口增长:中国出口奇迹的新解读》,《世界经济》2018年第2期。

第二章　环境规制测度与出口贸易发展

第一节　环境规制的基本概念

规制是指政府通过制定相应的规则,对市场中的一些主体行为进行干预的一种方式。是一种公共政策形式,通常会建立一些相应的部门来对经济活动进行约束。经济学中的"规制"一词最初是由外文文献翻译得来,在一些中文文献中也被译为"管制"。当"市场失灵"现象发生时,政府会通过出台相应的法律制度等对存在不当行为的相应主体进行制约,实际上就是一种政府干预经济,进行相应市场调控的行为。而作为具有公共物品属性的生态环境,其本身明显的外部性,需要政府通过制定相应的法律、规章和政策等进行干预调控,因此,环境规制也就产生了。环境规制即以保护环境为目的,对破坏、污染公共环境等行为进行的规制,是社会性规制的一项重要内容,主要针对大气污染、水污染、有毒物质使用、有害废物处理和噪声污染等。而对于环境规制的确切定义,现学术界尚未统一界定,其含义随着环境规制的形式的演变而不断外延。在探讨环境规制和国际贸易的关系时,国内大部分学者认为环境规制即政府或部门为保护环境而实施的对贸易活动具有一定作用的环境政策和制度等。随着环境规制的不断发展,学者们又对这一关系进行了进一步的界定,认为还应包括以保护环境为目的而进行的与协调环境有关的贸易屏障。不过目前广泛被学术界认为的区分方式为赵玉明等(2009)[①]的分类标准,他根据环境规制形式的发展演变历程,将现有的环境规制分为命令型环境规制、激励型环境规制和自愿型环境规制三种。

1. 命令型环境规制

赵红(2008)[②]等学者认为环境规制是政府为克服环境污染的负外部性,避免环境污染的机会成本过高,而将社会治理收益与成本进行衡量,对社会经济主体在环境标准上所做出的规范。环境规制的本质为国家做出的一种非市场调节的干预机制,且带有强制性的特性。通常以禁令、生产认证、非市场转让性的许可证等途径进行直接干预。

2. 激励型环境规制

张成等(2011)[③]认为环境规制应界定为政府利用市场和非市场机制,通过行政或非行政手段,以引导和规范经济主体的环境行为。政府通过引入市场机制,使用经济手段引导和激励企业等经济主体减少污染排放和高耗能式的资源使用,具有非强制性。主要采取排污税、环境补贴等刺激手段引导经济主体的环境行为。

---

① 赵玉民、朱方明、贺立龙:《环境规制的界定、分类与演进研究》,《中国人口·资源与环境》2009年第6期。

② 赵红:《环境规制对产业技术创新的影响——基于中国面板数据的实证分析》,《产业经济研究》2008年第3期。

③ 张成、陆旸、郭路等:《环境规制强度和生产技术进步》,《经济研究》2011年第2期。

3. 自愿型环境规制

赵玉民等(2009)[①]学者根据环境规制的演变,将环境规制定义为以保护环境为目的,以个体或组织为对象,以有形制度或无形意识为形式所存在的一种约束性力量。在自愿型环境规制下,政府主要充当监督者和合作伙伴的角色,更多的是需要企业和公众的主动性。环境规制的主体由政府转移至企业、公众自身。企业和公众等经济主体通过自我意识提升和行业自我规范进行环境控制,具有自愿性的特点。主要包括环境协议、生态标签等手段。环境规制手段伴随着人们主体环保意识的发展而演进,并随着社会需求的变化而灵活调整和优化。命令控制型环境规制和市场激励型环境规制由于政治和经济因素将会长期存在,随着未来企业和公众社会责任意识不断提升,公众自愿型环境规制的重要性将进一步凸显(赵立祥等,2020)[②]。

当然,以上列出的环境规制分类方式也并非完全准确,实际上,随着环境规制研究的不断丰富,学者们会根据自己的研究主题从不同角度对环境规制进行分类,比如以制定主体划分,以制定思路划分,等等。

第二节 环境规制的测度

环境规制是为了生态环境的可持续发展而推出的一系列法律法规

[①] 赵玉民、朱方明、贺立龙:《环境规制的界定、分类与演进研究》,《中国人口·资源与环境》2009年第6期。

[②] 赵立祥、冯凯丽、赵蓉:《异质性环境规制、制度质量与绿色全要素生产率的关系》,《科技管理研究》2020年第22期。

等污染控制政策,进而约束企业生产过程中的污染排放,激励企业绿色生产。对环境规制进行定量研究,必须要对环境规制进行测度。一个良好的环境规制指标可以准确反映某国或某地区、某行业甚至某企业实施环境规制的严格程度。然而,由于环境规制的内涵丰富,手段各异,目前对环境规制的测度也多种多样,大体上,学界主要从以下角度来进行衡量:环境监察机构检查次数和监督费用、排污费征收额、污染治理投资额、污染治理设施和运行费用(污染治理支出)、主要污染物的排放量等。

其中环境监察机构检查次数和监督费用更多的是从政府执行力度去衡量环境规制,类似的衡量指标还包括政府颁布的法律法规数以及环境处罚案件数,然而由于各地区环境法律法规范围难以界定、数据连续性差,以及环境法案颁布数量与实施力度之间存在巨大差异,这两个指标难以有效反映环境规制强度。排污费征收额和污染治理投资额也是站在政府角度去衡量环境规制,但相较于排污费征收额,污染治理投资额更能有效反映政府对污染治理以及监控环境的决心,同时环境治理投资额是政府在环境治理上的直接投资,有利于加强企业对环境问题重视,有效缓解环境污染问题,提高环境质量。学者们在选用污染治理投资额指标时,也常常结合自己的研究主题对该指标进行变换。比如用各省治污投资额占各省 GDP 比重与全国治污投资额占全国 GDP 比重的比值,计算出环境规制强度的均值,以此作为某省份的最终环境规制强度值。或者用各城市环境治理投资额占全国环境治理投资平均值的比重来衡量某城市的环境规制强度。污染治理支出也是被广泛采用的衡量指标,这是因为企业为了令自己的生产行为符合环境规制要求,无论是减少污染排放还是提高污染治理水平,都将面临一个额外的约束条件即增加其生产成本（Lopez等,2017）①。因此,许多学者认为利用污染治理支出指标能更大程度地反映环境规制政策的实施效果和实际的减排努力程度（Lanoie等,2008;Cheng等,2019）②。但随着环境规制的研究不断细化深入,环境规制被认为既涉及政策工具本身的性质,也与政策工具的执行相关,单一指标往往难以完全代表环境规制（王杰、刘斌,2016）③。学者们开始采用综合指数方法构建环境规制的测量体系,用来衡量环境规制的综合绩效（李玲、陶锋,2012）④。常用的单项指标是主要污染物的排放量,包括废水排放达标率、二氧化硫去除率、烟尘去除率、粉尘去除率、固体废弃物综合利用率等。如以省际层面为例,我们利用烟尘去除率、粉尘去除率、固体废弃物综合利用率和废水排放达标率作为衡量环境规制的单项指标,首先将各项指标进行标准化,具体计算公式为：

$$UE_{jg}^{s} = \frac{UE_{jg} - \min(UE_{jg})}{\max(UE_{jg}) - \min(UE_{jg})} \quad (2-1)$$

其中,$j=1\cdots4$、$g=1\cdots31$,UE_{jg} 表示第 j 项指标在地区 g 中的原值,UE_{jg}^{s} 代表第 j 项指标在地区 g 的标准化值。其次,给各项指标赋予权重,各地区工业增加值用 Q_g 表示,第 j 项指标在地区 g 的排放量用 E_{jg}

---

① Lopez J., Sakhel A., Busch T., "Corporate Investments and Environmental Regulation: The Role of Regulatory Uncertainty, Regulation-Induced Uncertainty, and Investment History", *European Management Journal*, 2017, Vol.35, No.1, pp.91–101.

② Lanoie P., Patry M., Lajeunesse R., "Environmental Regulation and Productivity: Testing the Porter Hypothesis", *Journal of Productivity Analysis*, 2008, Vol.30, No.2, pp.121–128. Cheng M., Shao Z., Yang C., et al., "Analysis of Coordinated Development of Energy and Environment in China's Manufacturing Industry under Environmental Regulation: A Comparative Study of Sub-Industries", *Sustainability*, 2019, Vol.11, No.22, p.6510.

③ 王杰、刘斌：《环境规制与中国企业出口表现》,《世界经济文汇》2016年第1期。

④ 李玲、陶锋：《中国制造业最优环境规制强度的选择——基于绿色全要素生产率的视角》,《中国工业经济》2012年第5期。

表示:

$$W_j = \frac{E_{jg} / \sum_{g=1}^{31} E_{jg}}{Q_g / \sum_{g=1}^{31} Q_g} \qquad (2-2)$$

最后得出各指标的标准值,将其与之对应的权重相乘后加总,则各省市地区的环境规制强度便可得到。

但以上指标与所考察的指标之间往往都存在或大或小的内生性问题,并且较难获取良好的工具变量进行解决(韩超、胡浩然,2015)[①],这可能会对最后的实证结果造成影响。而双重差分法和断点回归法可以有效弱化内生性问题,于是许多研究开始利用这些方法来研究环境规制政策对经济活动的影响。目前被广泛作为政策冲击的包括1998年"两控区"政策、2003年清洁生产标准政策、2007年排放权交易试点政策、"十一五"期间全国主要污染物排放总量控制计划等。

第三节 出口贸易发展的多维度测量

一、测度出口贸易竞争力

(一)传统指标法

随着世界市场产品竞争优势因子的不断演变,如从传统的价格到如今的技术含量、服务质量变化,产品出口竞争力的测度方式也在不断

---

① 韩超、胡浩然:《清洁生产标准规制如何动态影响全要素生产率——剔除其他政策干扰的准自然实验分析》,《中国工业经济》2015年第5期。

随之优化。首先简单介绍测度出口贸易竞争力的一些传统指标：

1. TSC 指数：表明一国生产的某种产品的进出口差额占进出口贸易总额的比重，反映的是一国生产的某种产品对于相其他国家而言处于的国际地位。无论进出口额的大小，系数均位于（-1,1）之间，且越接近于1，贸易竞争力越强。如果系数大于0，说明净出口额为正值，即出口大于进口，则表示国际竞争力较强。反之，则表示国际竞争力较差。具体计算公式如下：

$$TSC_i = \frac{X_i - M_i}{X_i + M_i} \quad (2-3)$$

其中，i 表示需要测度的主体，X_i 表示出口，M_i 表示进口。

2. RCA 指数：又名显示性比较优势指数。由一定时期一国 i 产业出口额占该国出口总额与世界层面 i 产业出口额占世界出口总额之比表示，适用于产业间贸易。该指数考虑一国或地区 i 产业出口在世界同类产业出口中比重，较好反映一国或地区 i 产业在世界出口中的地位。一般认为，RCA_i 指数值越大则表明 i 产业的出口竞争力越强。傅京燕和李丽莎（2010）[①]等学者运用了 RCA 指数对中国 1996—2004 年工业制成品比较优势进行了测算。具体计算公式如下：

$$RCA_{ij} = \frac{X_{ij}/X_{it}}{X_{wj}/X_{wt}} \quad (2-4)$$

其中，i 表示产业，j 表示国家，w 表示世界。如果 $RCA_{ij}>1$，则表明 j 国 i 产业更具有比较优势。

3. Michaely 指数：又称为 Michaely 波动指数，指的是一个国家中某

[①] 傅京燕、李丽莎：《环境规制、要素禀赋与产业国际竞争力的实证研究——基于中国制造业的面板数据》，《管理世界》2010 年第 10 期。

一种商品的出口额占世界该产品出口总额的百分比。通常认为,国际市场占有率越高,国际竞争力越强,反之,国际竞争力越弱。由于这种测度方法计算相对简单、相关数据易得,所以应用相对广泛。一般而言,MI>0,表明该国某一种商品在世界市场中出口大于进口,说明该商品出口具备比较优势,反之,MI<0,表明某一种商品出口具有比较劣势。具体计算公式如下:

$$MI_i = \frac{X_{ij}}{X_{iw}} \times 100\% \tag{2-5}$$

其中,i 表示产品,j 表示国家,w 表示世界,X 表示出口额。

(二)熵值法

在出口贸易竞争力的测算上,由于相关概念界定不统一,导致测算标准各有不同。传统的方法是基于比较优势分析,用贸易进出口数据来测算出口贸易竞争力。常见的指标有:贸易竞争优势指数(TSC,指一国某产品或服务进出口差额与其进出口总额的比重)、市场占有率(MSI,指一国某产品或服务出口占全球同类产品或服务出口的比重)、Michaely 波动指数(MI,指一国某产品或服务出口额占国内出口总额的比重与进口额占国内进口总额的比重之差)。考虑到这三个指标在评价贸易竞争力时各有侧重且均存在一定局限性,因此我们利用熵值法确定各指数权重的大小,构建出口贸易竞争力综合指数(蓝庆新、窦凯,2019)[①]。

接下来我们以城市层面为例,具体介绍如何利用熵值法测算出口

---

① 蓝庆新、窦凯:《基于"钻石模型"的中国数字贸易国际竞争力实证研究》,《社会科学》2019 年第 3 期。

贸易竞争力。首先,对三个指标进行无量纲化处理。对于正向指标,按照如下公式(2-6)处理。对于负向指标,按照如下公式(2-7)处理。

$$X_{it} = \frac{x_{it} - m_t}{M_t - m_t} \qquad (2-6)$$

$$X_{it} = \frac{M_t - x_{it}}{M_t - m_t} \qquad (2-7)$$

其中,M_t为x_{it}最大值,m_t为x_{it}最小值。其次,计算各指标权重。

$$W_i = \frac{1 - e_t}{\sum_{t=1}^{n} 1 - e_t} \qquad (2-8)$$

其中,$e_t = -k \sum_{i=1}^{m} Y_{it} \times ln Y_{it}$,$Y_{it} = X_{it} / \sum_{i=1}^{m} X_{it}$,$m$为评价年数,$n$为指标数。最后,计算城市贸易竞争力综合指数,将其记为$CTCI$,则

$$CTCI_{it} = W_i \times X_{it} \qquad (2-9)$$

其中$CTCI_{it}$的下标i表示某城市,t表示某年。

(三)基于出口增加值的显示性比较优势

实际上,Balassa(1965)[①]提出的显示性比较优势指数(Revealed Comparative Advantage,RCA),也是出口贸易竞争力研究中广泛采用的一项指标。本质上,RCA指数是通过一国某种产品出口占该国总出口的份额,以及世界总出口的份额来反映一国该产品的比较优势大小,其主要适用于传统的产业间和产业内贸易条件。其基本依据是一国某种产品出口占本国总出口的比重较大,说明生产该产品的劳动生产率相

---

① Balassa B.,"Trade Liberalization and Revealed Compapative Advantage",*Manchester School*,1965,Vol.33,No.2,pp.99-123.

对较高;如果这一比重高于全球同种产品出口占世界总出口额的比重,则说明该国出口的这种产品所占的全球市场份额较大,从而比较优势较大,该产品具有较强的国际竞争力。近十几年来,学者们开始重新审视垂直专业化分工和贸易条件下的比较优势(Marshall,2011)[1],并尝试采用出口增加值指标来重新测算和研究比较优势,这是对比较优势研究的新发展。Timmer 等(2013)[2]指出,分析分工专业化和竞争优势的标准工具是显示性比较优势指数,在垂直专业化分工下,RCA 分析的有用性仍可保留,但有不同的解释。Beaudreau(2013)[3]认为出口增加值数据展现了对一国优势和劣势的更准确描述。

接下来我们以行业层面为例,具体介绍如何测算基于出口增加值的显示性比较优势,来衡量出口贸易竞争力。我们参照 Koopman 等(2012)[4]的方法,采用投入—产出模型测算出口增加值,测算公式如下:

$$VE_j = v_j (I - A^d)^{-1} E_j + RIM_j \qquad (2-10)$$

式(2-10)中,下标 j 代表行业;VE_j 代表出口增加值向量;v_j 代表产业的直接增值率向量;$(I-A^d)^{-1}$ 代表各产业国内中间投入的里昂惕夫逆矩阵;E_j 代表出口向量;RIM_j 为出口中复进口中间品所含的国内增加值成分向量。

---

[1] Marshall K.G.,"The Factor Content of Chinese Trade",*The Journal of International Trade & Economic Development*,2011,Vol.20,No.6,pp.769-787.

[2] Timmer M.P.,Los B.,Stehrer R.,et al.,"Fragmentation,Incomes and Jobs:An Analysis of European Competitiveness",*Working Paper Series*,2013.

[3] Beaudreau B.C.,"What the OECD-WTO TiVA Data Tell us bout Comparative Advantage and International Trade in General",*International Trade Journal*,2013,Vol.27,No.5,pp.465-481.

[4] Koopman R., Wang Z., Wei S.J., "Estimating Domestic Content in Exports When Processing Trade is Pervasive",*Journal of Development Economics*,2012,Vol.99,No.1,pp.178-189.

RCA 指数计算公式为：

$$RCA_j^i = \frac{E_j^i / E^i}{E_j^w / E^w} \tag{2-11}$$

式(2-11)中，i 表示国家或地区，E_j^i 表示 i 国 j 行业的出口值，E^i 为 i 国的出口总值，E_j^w 为全球 j 行业的总出口值，E^w 为全球出口总值。

在以上 RCA 计算公式(2-11)的基础上，用出口增加值替换相应的出口值，即可得到基于出口增加值的 RCA 指数(VRCA)，计算公式如下：

$$VRCA_j^i = \frac{VE_j^i / VE^i}{VE_j^w / VE^w} \tag{2-12}$$

式(2-12)中，$VRCA_j^i$ 代表 i 国 j 行业的基于出口增加值的显示性比较优势指数，VE_j^i 代表 i 国 j 行业的出口增加值，VE^i 代表 i 国的总出口增加值，VE_j^w 代表 j 行业的全球出口增加值，VE^w 代表全球总的出口增加值。通过 VRCA 指数，我们可以从出口增加值上的比较优势来考察一国产业部门的国际竞争力的变化情况。

（四）现代微式法

现代微观式多基于企业视角，从企业层面数据构建指标分析。国内外学者将不同的影响因子纳入考量，延伸出许多新型的测度方式。Hausmann(2007)[1]用企业出口技术复杂度反映一国出口贸易竞争力，施炳展(2014)[2]提出企业出口产品质量指标，认为出口产品质量是制

---

[1] Hausmann R., Hwang J., Rodrik D.,"What You Export Matters", *Journal of Economic Growth*, 2007, Vol.12, No.1, pp.1-25.
[2] 施炳展:《中国企业出口产品质量异质性:测度与事实》,《经济学(季刊)》2014 年第 1 期。

造业国际竞争力的重要衡量因素。Kee 和 Tang(2016)①则利用企业出口国内附加值率衡量了中国制造业的国际竞争优势。但本书为了具体探讨环境规制对不同维度出口贸易发展的影响,将出口贸易竞争力与出口技术复杂度、出口质量等指标严格区分开来。但这些指标的确在某种程度上反映了一国或地区的出口贸易竞争力。

此外,影响出口贸易竞争力的因素可能包括:1. 人力资本:赵晶(2011)②通过引力模型从人力资本异质性的角度出发,发现在开放式经济一体化进程中,中国人力资本的丰裕度与出口产品竞争力显著正相关。不少学者通过实证也发现,人力资本通过劳动者技能的提高和外资外部经济效应,促进中国制造业出口产品质量的提升,进而提升了中国制造业的出口竞争力。2. 物质资本:傅京燕和李丽莎(2010)③等将物质资本作为要素禀赋的基础构成,通过对 1996—2004 年中国 24 类制造业数据进行实证分析,使用 RCA 指数对出口竞争力进行测算,研究发现物质资本丰裕的行业比较优势反而不明显,即物质资本与行业竞争优势呈负相关性。而卫迎春和李凯(2010)④则使用 MS 指数测算中国 1980—2008 年制造业出口竞争力,研究发现,制造业的人均资本与国际市场占有率呈正相关,即行业物质资本越多,越有利于行业国际竞争力的提升。造成上述差异的原因可能为两者统计数据年份和指标设定存在一定差异。3. 技术水平:产品生命周期理论,认为产品生

---

① Kee L.H., Tang H., "Domestic Value Added in Exports:Theory and Firm Evidence from China?", *American Economic Review*, 2016.
② 赵晶、王根蓓:《人力资本异质性与中国出口竞争力》,《经济学动态》2011 年第 9 期。
③ 傅京燕、李丽莎:《环境规制、要素禀赋与产业国际竞争力的实证研究——基于中国制造业的面板数据》,《管理世界》2010 年第 10 期。
④ 卫迎春、李凯:《我国制造业国际市场竞争力的发展趋势及其决定因素的实证分析》,《国际贸易问题》2010 年第 3 期。

产的比较优势会随着产品的生命周期变化而发生改变,从而产生国际贸易,而造成这种比较优势变化的核心变量正是技术差异。4. 经济发展水平:Linder(1961)①的需求相似说认为,两国产品出口的结构、流量及其贸易量大小取决于两国的需求偏好,而需求偏好又取决于两国的人均收入水平,经济发展水平越高的国家,其越偏向于消费或出口档次高的产品,进而出口竞争力越强。李怀建和沈坤荣(2014)②研究发现人均收入与出口产品的质量具有明显的相关性,人均收入越高的国家,其越能通过资本存量和研发水平的路径提升贸易竞争力。孙婷(2017)等③基于 FRIT 框架实证也发现,中国金融业发展能帮助企业进行融资,进而提升中国制造业出口竞争力。

二、测度出口技术复杂度

为了厘清环境规制与出口技术复杂度之间的关系,需要对出口技术复杂度进行量化,Hausmann 等(2007)④的测算方法最符合本次研究目的,且一定程度上可以规避内生性问题。因此,笔者采取该方法对出口技术复杂度进行测算,在这里我们从省市层面入手进行研究:

---

① Linder S.B., "An Essay on Trade and Transformation", *Journal of Political Economy*, 1961, No.1, pp.171-172.
② 李怀建、沈坤荣:《出口产品质量的影响因素分析——基于跨国面板数据的检验》,《产业经济研究》2015 年第 6 期。
③ 孙婷、余东华、李捷:《基于 FRIT 框架的制造业国际竞争力评价研究——兼析环境规制的非线性效应》,《经济问题探索》2017 年第 9 期。
④ Hausmann R., Hwang J., Rodrik D., "What You Export Matters", *Journal of Economic Growth*, 2007, Vol.12, No.1, pp.1-25.

$$PRODY_k = \sum_j \frac{x_{jk}/X_j}{\sum_j (x_{jk}/X_j)} Y_j \qquad (2-13)$$

$$EXPY_j = \sum_j \frac{x_{jk}}{X_j} PRODY_k \qquad (2-14)$$

在上式中,$PRODY_k$ 为出口商品 k 的技术复杂度指数,x_{jk} 为 j 地区产品 k 的出口额,X_j 为 j 地区的出口总额。Y_j 为 j 地区的人均收入,是由 PPP 计算的人均 GDP。我们利用 31 个省、自治区、直辖市制造业 21 个行业的出口交货值,计算出各省、区、市的出口技术复杂度。

三、测度出口成本加成

由于研究视角和数据取得的差异性,现有文献中关于成本加成的测算方法大致有两类,第一类是以 Domowitz 等(1986)[1]为代表的会计法,可以较好地反映行业间差异,但忽略了经济周期和外部冲击的影响,具有片面性;第二类可概括为生产函数法,包括双索洛余值法和 Loecker and Warzynski(2009)[2]法:双索洛余值法解决了生产率变动和投入要素的内在相关性,但依赖于要素市场完全竞争假设,不能准确反映现实经济活动;Loecker and Warzynski 法则不依赖任何需求结构或市场结构的假设条件,使用企业产出数据直接推导。

因此我们从企业层面入手,具体介绍如何测度企业出口成本加成。根据 Loecker and Warzynski 法,我们假设企业的生产函数如下:

---

[1] Domowitz I., Petersen B.C., Hubbard R.G.,"Market Structure and Cyclical Fluctuations in U.S.Manufacturing", *The Review of Economics and Statistics* 1988, Vol.70, No.1, pp.55-66.

[2] Loecker J.D., Warzynski F., "Markups and Firm-Level Export Status", *American Economic Review*, 2009, Vol.102, No.6.

$$Q_{ihjt} = F_{ihjt}(\varphi_{ihjt}, k_{ihjt}, l_{ihjt}, m_{ihjt}) \tag{2-15}$$

其中,φ_{ihjt}表示某一时期t城市j行业h企业i的生产率;k_{ihjt}表示某一时期t城市j行业h企业i的资本投入;l_{iht}表示某一时期t城市j行业h企业i的劳动投入;m_{ihjt}表示某一时期t城市j行业h企业i的中间投入。由于企业成本最小化满足:

$$LG(k_{ihjt}, l_{ihjt}, m_{ihjt}, \lambda_{ihjt}) = r_{ihjt}k_{ihjt} + w_{ihjt}l_{ihjt} + p_{ihjt}m_{ihjt} + \lambda[Q - F_{ihjt}]$$
$$\tag{2-16}$$

其中,r_{ihjt}代表某一时期t城市j行业h企业i的利率;w_{ihjt}代表某一时期t城市j行业h企业i的工资;p_{ihjt}代表某一时期t城市j行业h企业i的中间投入品价格。中间投入作为可变要素投入,对可变要素投入量做一阶导数。

$$\frac{\alpha LG}{\alpha M_{ihjt}} = P - \lambda \frac{\alpha F_{ihjt}}{\alpha M_{ihjt}} = 0 \tag{2-17}$$

其中$\lambda_{ihjt} = \frac{\alpha LG}{\alpha Q_{ihjt}}, \frac{\alpha F_{ihjt}}{\alpha M_{ihjt}}$为中间投入的边际产出,$P$为最终价格,(2-17)式可变为如下

$$\frac{\alpha F_{ihjt}}{\alpha M_{ihjt}} \frac{M_{ihjt}}{Q_{ihjt}} = \frac{P}{\lambda} \frac{p_{ihjt} M_{ihjt}}{p_{ihjt} Q_{ihjt}} \tag{2-18}$$

上式中$\frac{P}{\lambda}$即为所求的行业或产品出口成本加成,定义为μ,则出口成本加成率为

$$\mu = \frac{\varepsilon^M}{\alpha^M} \tag{2-19}$$

其中ε为可变要素投入的产出弹性;α为可变要素投入占销售收入的份额,若要计算企业层面的加成率,首先要求得这两个值。

对于产出弹性,最早有学者开创性地将投资作为生产率的代理变量,解决了生产要素与生产率的内生性问题,但仍存在缺陷。这里我们采用 Levinsohn 和 Petrin(2003)①的半参数法对生产函数进行估计,便可得到可变要素的产出弹性$\hat{\varepsilon}$;而对于 Q 我们只能得到$\hat{Q}_{it}$而不能得到Q_{ihjt}。因此,城市 j 行业 h 企业 i 在 t 期的出口成本加成可通过以下式子进行测算:

$$\hat{\mu}_{ihjt} = \frac{\hat{\varepsilon}_{ihjt}^{M}}{\hat{\alpha}_{ihjt}^{M}} \tag{2-20}$$

其中$\hat{\alpha}_{ihjt}^{M}$是可变要素的成本与总收益之比,在测算某家企业的成本加成时,需要首先计算要素的产出弹性,然后再测算$\hat{\alpha}_{ihjt}^{M}$即可。

四、测度出口产品多元化

衡量出口产品多元化的指标可分为直接法和间接法,直接法为用出口产品种类衡量出口产品多元化程度,常见的间接法主要利用泰尔指数,以及利用赫芬达尔指数及其变形式等构建出口产品多元化指数。

一些学者将企业产品范围定义为企业生产的 5 位产品代码的数量,进而衡量出口产品多元化程度,将或者以 HS-8 位编码的数量来定义企业出口产品范围指标(Mayer 等,2014)②。

但一般而言,间接测算法被使用较多,其原理为:先通过测算出口

---

① Levinsohn J.A.,Petrin A.,"Estimating Production Functions Using Inputs to Control for Unobservables",*Social Science Electronic Publishing*,2003,Vol.70,No.2,pp.317-341.
② Mayer T.,Melitz M.,Ottaviano G.,"Market Size,Competition,and the Product Mix of Exporters",*CEP Discussion Papers*,2012,Vol.104,No.2,pp.495-536.

集中度水平,用出口集中度水平间接反映出口产品的多元化程度。如 Lopresti(2016)[①]采用赫芬达尔型指数来构建产品多元化指数,进而利用出口产品多元化指数的变动反映企业出口多元化提升效应,如每个企业每个年份的出口产品多元化程度衡量情况如下：

$$Dif_{jkit} = 1 - \sum_{h \in \Omega_{kit}} \left(\frac{Sales_{kith}}{\sum_{h \in \Omega_{kit}} Sales_{kith}} \right)^2 \quad (2-21)$$

其中,Dif_{jkit}代表企业层面的产品多元化指数,j代表企业所在省份,k代表行业,i代表企业,t代表年份,h代表企业出口的HS六分位产品,代表i企业t年出口的全部六分位产品集合。$Sales_{kith}$代表k行业i企业在t年出口h产品的出口额,因此$\frac{Sales_{kith}}{\sum_{h \in \Omega_{kit}} Sales_{kith}}$代表$k$行业出口额占总出口额的比重。$Dif_{jkit}$指数的大小在0—1之间,若$Dif_{jkit}$越大,说明出口产品销量越是分散于诸多种类的出口产品之间,出口产品多元化程度越高。若Dif_{jkit}越小,则说明出口产品销量越是集中于少数产品,因此出口产品多元化程度越低。

此外,还有一些学者采用赫芬达尔指数变形式衡量产品多元化程度。

$$Herfindal_{it} = \sum_{p=1}^{n} \left(\frac{X_{pit}}{X_{it}} \right)^2 \quad (2-22)$$

$$ED_{it} = 1/Herfindal_{it} \quad (2-23)$$

其中,X_{it}表示i企业t年出口总额,X_{pit}则表示i企业t年出口产品p的总价值。赫芬达而指数为反向测算指数,为此采用其倒数形式表示

[①] Lopresti J.,"Multiproduct Firms and Product Scope Adjustment in Trade", *Journal of International Economics*, 2016, Vol.100, No.05, pp.160-173.

企业出口产品范围,出口产品范围指数ED_{it}越大,出口产品集中度越低,表示企业出口产品范围越广;反之,出口产品范围指数ED_{it}越小,企业出口产品范围越窄。

最后,部分学者采用泰尔指数衡量出口产品多元化程度,其计算公式为:

$$Theil_{it} = \frac{1}{n}\sum_{k=1}^{n}\frac{x_k}{u}\ln(\frac{x_k}{u}) \tag{2-24}$$

其中n表示所有潜在的出口产品种类数,k为第k类出口产品,$u = \frac{1}{n}\sum_{k=1}^{n}x_k$代表平均出口额。因此,采用泰尔指数反映出口产品多元化水平时,泰尔指数的大小会受到出口产品种类数及其贸易额所占比重变化的影响,即对某目标国出口产品种类数越多,出口产品的贸易额占比分布越均匀,泰尔指数就越小,对该目标国出口的产品多元化水平则越高。并且,与测量收入水平差距时[0,1]的取值范围不同,学术界一般认为泰尔指数在衡量出口集中度水平时,其取值边界为[0,10]。

五、测度出口贸易可持续

根据新新贸易理论,一国或地区的出口产品能否被国际市场持续青睐,往往取决于产品价格和产品质量两方面。而"性价比"恰恰能综合反映产品价格和产品质量两方面,一个商品的"性价比"越高,越能够在国际市场上占据优势,出口发展越可持续(廖涵、谢靖,2018)[1]。

---

[1] 廖涵、谢靖:《"性价比"与出口增长:中国出口奇迹的新解读》,《世界经济》2018年第2期。

接下来我们以企业层面为例,具体介绍如何衡量出口"性价比"指数。企业的出口"性价比"不能直接观测得到,因此,我们借鉴 Khandelwal 等(2013)①的方法,首先测算出企业出口产品的质量指数,再利用出口价格数据,进一步得到企业的出口产品"性价比"指数。根据 Khandelwal 等的企业产品质量异质性模型,假设 t 年中国企业 i 出口产品 j 到 k 国,k 国消费者的常替代弹性(CES)效用函数为:

$$U = \left\{ \int_{j \in \Omega} (\lambda_{ijkt}\, q_{ijkt})^{\frac{\sigma-1}{\sigma}} \mathrm{d}j \right\}^{\frac{\sigma}{\sigma-1}} \tag{2-25}$$

其中,λ_{ijkt}、q_{ijkt} 分别表示 t 年企业 i 产品 j 出口到 k 国的产品质量、产品数量;Ω 表示 k 国消费者购买的商品集合;$\sigma>1$,表示产品之间的替代弹性。由此得到产品 j 的消费量:

$$q_{ijkt} = \frac{\lambda_{ijkt}^{\sigma-1}}{p_{ijkt}^{\sigma}} \frac{E_{kt}}{P_{kt}} \tag{2-26}$$

其中,E_{kt}、P_{kt} 分别表示 t 年 k 国的总支出水平和总价格指数。式(2-26)表示在考虑产品质量异质性后,产品需求取决于产品质量和产品价格的比值,即"性价比",消费者在选择产品时会考虑"性价比",最终决定其购买行为(韩会朝、徐康宁,2014)②。对式(2-26)两边同时取对数,得到出口产品质量的估计方程:

$$\ln q_{ijkt} = -\sigma \ln p_{ijkt} + \ln E_{kt} - \ln P_{kt} + \varepsilon_{ijkt} \tag{2-27}$$

其中,产品的出口价格 p_{ijkt} 用出口额除以出口数量计算;$\ln E_{kt} - \ln P_{kt}$ 为是随时间和进口国变化的变量;$\varepsilon_{ijkt} = (\sigma - 1)\ln \lambda_{ijkt}$,所要估计的

---

① Khandelwal, Amit K., Schott, et al., "Trade Liberalization and Embedded Institutional Reform: Evidence from Chinese Exporters", *American Economic Review*, 2013, Vol. 103, No. 6, pp. 2169-2195.

② 韩会朝、徐康宁:《中国产品出口"质量门槛"假说及其检验》,《中国工业经济》2014年第4期。

出口产品质量 λ_{ijkt} 被包含在误差项 ε_{ijkt} 中。由于 E_{kt}、P_{kt} 难以观测,因此引入产品固定效应和进口国—时间固定效应,得到以下估计方程:

$$\ln q_{ijkt} = -\sigma \ln p_{ijkt} + \varphi_j + \varphi_{kt} + \varepsilon_{ijkt} \qquad (2-28)$$

φ_j 表示产品固定效应,以控制产品特征;φ_{kt} 表示进口国—时间固定效应,以控制无法直接观测的进口国宏观因素。但式(2-28)存在内生性问题,产品质量可能与产品价格相关,因此我们借鉴施炳展和邵文波(2014)①的方法,利用企业在除 k 外其他国家出口产品的平均价格,作为企业对 k 国出口产品价格的工具变量。再考虑内生性后,对式(2-28)进行 OLS 估计,通过残差可得出口产品质量:

$$\widehat{\lambda_{ijkt}} = \frac{\widehat{\varepsilon_{ijkt}}}{\sigma - 1} \qquad (2-29)$$

进一步地,我们借鉴廖涵和谢靖(2018)②的方法,将出口"性价比"定义为产品质量与产品价格的比值,从而得到企业—产品—出口国—年份维度的"性价比"指数:

$$\widehat{EX}_{ijkt} = \frac{\widehat{\lambda_{ijkt}}}{\widehat{p_{ijkt}}} \qquad (2-30)$$

最后将出口产品"性价比"指数,依次按照产品层面、出口国层面进行加权平均,最终得到企业出口"性价比"指数 EX_{it}。此外,可以根据行业类别,按企业出口占行业总出口的比重加权平均,得到行业层面的出口"性价比"指数 EX_{ht}。

---

① 施炳展、邵文波:《中国企业出口产品质量测算及其决定因素——培育出口竞争新优势的微观视角》,《管理世界》2014 年第 9 期。
② 廖涵、谢靖:《"性价比"与出口增长:中国出口奇迹的新解读》,《世界经济》2018 年第 2 期。

第三章　环境规制、数字经济与出口贸易竞争力

本章是针对环境规制对出口贸易竞争力的实证检验,由于出口贸易竞争力是出口贸易发展中被广泛关注的话题,为此本书设置了两章实证章节来进行说明,此为其中之一。在本章中,不仅引入了数字经济变量作为调节变量,而且还将全要素生产率作为中介变量,利用有调节的中介效应模型将环境规制、数字经济、全要素生产率、出口贸易竞争力联系起来,从城市层面考察环境规制对出口贸易竞争力的影响,并从区域异质性视角分析东中西部差异。这不仅丰富了环境规制对出口贸易竞争力影响的相关分析,而且拓展了现有的数字经济领域对国际贸易影响的研究,也为后续相关研究提供新的思路。

第一节　有调节的中介效应模型构建

为了理清环境规制、数字经济、全要素生产率、出口贸易竞争力之

间的关系,本书先后构建基准模型、交互效应模型、有调节的中介效应模型来进行实证检验。

一、基准模型

环境规制对出口贸易竞争力的综合影响是基于成本效应与创新补偿效应,两种效应带来的作用相反,此时利用非线性模型也许能更大程度上捕捉到综合影响的具体变化。因此,本章建立基准模型:

$$CTCI_{it} = C + \alpha_1 ER_{it} + \alpha_2 (ER_{it})^2 + \varphi X_{it} + \varepsilon_t + \varepsilon_c + \varepsilon_{it} \quad (3-1)$$

其中,$CTCI_{it}$ 表示 i 市 t 年的出口贸易竞争力;ER_{it} 表示 i 市 t 年的环境规制强度,ER_{it} 用排污费征收额表示,ER_{it} 越大,规制强度越大;$(ER_{it})^2$ 为环境规制二次项,用于验证环境规制对出口贸易竞争力的非线性影响;X_{it} 表示控制变量之和,包括 $Human_{it}$、$Capital_{it}$、$City_{it}$、$Open_{it}$,下标均表示 i 市 t 年;ε_t 为年份固定效应,ε_c 为城市固定效应,ε_{it} 为随机误差项,C、α_1、α_2、φ 为待估参数。

二、交互效应模型

根据 2016 年 G20 杭州峰会对数字经济的定义:数字经济是指以使用数字化的知识和信息作为关键生产要素、以现代信息网络作为重要载体、以信息通信技术的有效使用作为效率提升和经济结构优化的重要推动力的一系列经济活动。从定义本身出发,可以看到数字经济具有提高效率、促进经济结构优化的特点。此外,也有部分学者认为数字经济能够促进资源优化配置、推动创新(裴长洪等,2018;荆文君、孙宝文,2019)①。而这与企业的生产成本、技术创新都有着密切联系,与环境规制为企业带来的成本效应和创新补偿效应也有着异曲同工之妙。具体地,一方面,数字经济能够引发规模经济和范围经济,促进资源合理配置,进而降低平均成本,这一定程度上可以弥补由于环境规制存在带来的成本提高,缩小成本效应(孙杰,2020)②。另一方面,数字经济作为推动创新的新经济形态,可能会放大环境规制的创新补偿效应,可能的原因在于,数字经济涉及大量技术密集型产业,有助于提升产业的生产效率,淘汰落后产能(钱立华等,2020)③,同时,数字经济包含的数字内容、互联网、信息基础设施等,均能从创新效率和全要素生产率的角度促进创新(韩先锋等,2019;孙早、徐远华,2018)④。那么,这是否意味着环境规制与数字经济对出口贸易竞争力存在交互作用,即数字经济越发达的城市,环境规制对出口贸易竞争力的影响越强?为了验证环境规制与数字经济对出口贸易竞争力存在交互作用,本章加入数字经济一次项以及环境规制与数字经济的交互项,建立交互效应模型:

$$CTCI_{it} = C + \alpha_1 ER_{it} + \alpha_2 (ER_{it})^2 + \alpha_3 DE_{it} + \alpha_4 ER_{it} \times DE_{it} + \varphi X_{it} + \varepsilon_{it}$$

(3-2)

---

① 裴长洪、倪江飞、李越:《数字经济的政治经济学分析》,《财贸经济》2018 年第 9 期;荆文君、孙宝文:《数字经济促进经济高质量发展:一个理论分析框架》,《经济学家》2019 年第 2 期。

② 孙杰:《从数字经济到数字贸易:内涵、特征、规则与影响》,《国际经贸探索》2020 年第 5 期。

③ 钱立华、方琦、鲁政委:《刺激政策中的绿色经济与数字经济协同性研究》,《西南金融》2020 年第 12 期。

④ 韩先锋、宋文飞、李勃昕:《互联网能成为中国区域创新效率提升的新动能吗》,《中国工业经济》2019 年第 7 期;孙早、徐远华:《信息基础设施建设能提高中国高技术产业的创新效率吗?——基于 2002—2013 年高技术 17 个细分行业面板数据的经验分析》,《南开经济研究》2018 年第 2 期。

其中，DE_{it} 表示 i 市 t 年的数字经济发展水平，$ER_{it} \times DE_{it}$ 表示环境规制与数字经济的交互项。

三、有调节的中介效应模型

环境规制与数字经济对出口贸易竞争力的交互影响中，全要素生产率为可能的作用渠道。如图 3-1 所示：环境规制会影响全要素生产率，全要素生产率影响出口贸易竞争力，在此过程中，数字经济为调节变量。

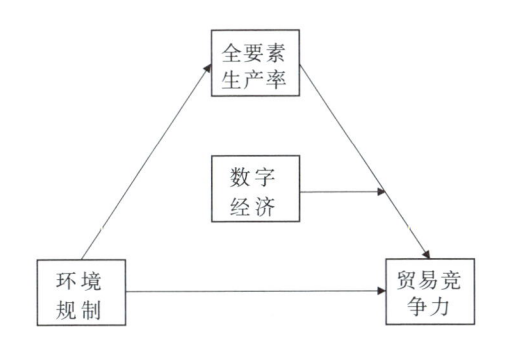

图 3-1　有调节的中介效应模型

我们参考温忠麟等（2014）①，在交互效应模型的基础上引入中介变量全要素生产率，构建有调节的中介效应模型。值得注意的是，与有中介的调节效应模型相比，有调节的中介效应模型更侧重于中介效应，因此在检验方法上，有调节的中介效应显著意味着：

1. 做因变量（出口贸易竞争力）对自变量（环境规制）和调节变量

---

① 温忠麟、叶宝娟：《有调节的中介模型检验方法：竞争还是替补？》，《心理学报》2014年第 5 期。

（数字经济）的回归,自变量系数显著;

2. 做中介变量（全要素生产率）对自变量（环境规制）和调节变量（数字经济）的回归,自变量系数显著;

3. 做因变量（出口贸易竞争力）对自变量（环境规制）、调节变量（数字经济）和中介变量（全要素生产率）的回归,中介变量系数显著（至此说明中介效应显著）;

4. 做因变量（出口贸易竞争力）对自变量（环境规制）、调节变量（数字经济）、中介变量（全要素生产率）、调节变量与中介变量的交互变量（环境规制×数字经济）的回归,交互变量的系数显著。

基于此,设定如下有调节的中介效应模型：

$$CTCI_{it} = \alpha_0 + \alpha_1 ER_{it} + \alpha_2 (ER_{it})^2 + \alpha_3 DE + \varphi X_{it} + \varepsilon_{it} \quad (3-3)$$

$$TFP_{it} = \beta_0 + \beta_1 ER_{it} + \beta_2 (ER_{it})^2 + \beta_3 DE + \varphi X_{it} + \varepsilon_{it} \quad (3-4)$$

$$CTCI_{it} = \gamma_0 + \gamma_1 ER_{it} + \gamma_2 (ER_{it})^2 + \gamma_3 DE + \gamma_4 TFP_{it} + \varphi X_{it} + \varepsilon_{it} \quad (3-5)$$

$$CTCI_{it} = \delta_0 + \delta_1 ER_{it} + \delta_2 (ER_{it})^2 + \delta_3 DE + \delta_4 TFP_{it} + \delta_5 DE \times TFP_{it} + \varphi X_{it} + \varepsilon_{it} \quad (3-6)$$

其中,TFP_{it}表示i市t年的全要素生产率。

四、变量选取

需要说明的是,本章是从城市层面考察环境规制对出口贸易竞争力的影响。核心变量环境规制利用城市当年的排污费征收额来表示。出口贸易竞争力利用第三章中熵值法确定的出口贸易竞争力综合指数进行衡量。数字经济可能会调节环境规制对出口贸易竞争力的影响,然而当前关于数字经济内涵的界定分歧还比较大,国内外对于数字经济的发展评价还没有制定统一标准(张雪玲、焦月霞,2017)①。鉴于数据的可获得性以及多方面衡量数字经济,笔者参考赵涛等(2020)②的数字经济发展评价指标体系,同样利用熵值法从互联网和电信业务发展方面对数字经济综合发展水平进行测度。具体数据内容如表3-1所示。全要素生产率参考王艺明等(2016)③的方法,对所选贸易百强城市2005—2016年的全要素生产率进行测算。其中,产出变量为国内生产总值,投入变量为从业人员数和物质资本存量。

为减少因遗漏变量带来的回归误差,确保回归结果的有效性,我们借鉴相关文献研究的有益经验,在回归模型中加入如下控制变量:(1)人力资本($Human_{it}$)投入可以提升劳动者的技能水平,提高企业整体生产力水平,进而提高出口贸易竞争力。当前关于人力资本的衡量指标较多且尚不统一,我们参考李小平等(2012)④的做法,用城市科技活动人员数与城市职工总人数的比值来衡量人力资本。一方面,该比重的大小衡量了城市劳动者技能水平,另一方面,该比重也说明了城市对于科教事业的重视,表现了城市的劳动者整体素质和创新活力。(2)物质资本($Capital_{it}$)是实现经济增长和发展的物质基础和条件。物

---

① 张雪玲、焦月霞:《中国数字经济发展指数及其应用初探》,《浙江社会科学》2017年第4期。

② 赵涛、张智、梁上坤:《数字经济、创业活跃度与高质量发展——来自中国城市的经验证据》,《管理世界》2020年第10期。

③ 王艺明、陈晨、高思航:《中国城市全要素生产率估算与分析:2000—2013》,《经济问题》2016年第8期。

④ 李小平、卢现祥、陶小琴:《环境规制强度是否影响了中国工业行业的贸易比较优势》,《世界经济》2012年第4期。

质资本投入量的大小作为投资的一种表示,直接被记入 GDP 的核算,一定程度上表现了城市经济发展水平。我们参考张军等(2004)[①]的做法,用各城市 R&D 内部研究支出占 GDP 的比重表示物质资本投入。(3)城镇化水平($City_{it}$)是衡量城市经济发展程度的重要标志。城市经济的发展能够促进企业资源优化配置,提高企业创新能力。城镇化水平可以直接用城市城镇人口占城市总人口的比重来表示(李眺,2013)[②],该比重越高,城市从事二三产业的劳动者比例越高,对经济发展的贡献越大。(4)对外开放程度($Open_{it}$)反映了城市参与外事活动的程度,对外开放程度高的城市,利用外资和对外投资的资本更多,对新技术的研发和引进更多,技术的发展可以提高出口贸易竞争力。我们用城市外商直接投资额占当年 GDP 的比重来表示对外开放程度(徐志伟,2016)[③]。

表 3-1 数字经济指标

变量名称	数据内容
相关从业人员情况	Z1 计算服务和软件业从业人数占城镇单位从业人员比重
互联网普及率	Z2 百人中互联网宽带接入用户数
移动电话普及率	Z3 百人中移动电话用户数
相关产出情况	Z4 人均电信业务总量

[①] 张军、吴桂英、张吉鹏:《中国省际物质资本存量估算:1952—2000》,《经济研究》2004 年第 10 期。
[②] 李眺:《环境规制、服务业发展与我国的产业结构调整》,《经济管理》2013 年第 8 期。
[③] 徐志伟:《工业经济发展、环境规制强度与污染减排效果——基于"先污染,后治理"发展模式的理论分析与实证检验》,《财经研究》2016 年第 3 期。

五、数据处理

本章研究的是城市层面,我们选择中国海关总署发布的2019年中国贸易百强城市作为研究对象,该排名统筹水平竞争力、结构竞争力、效益竞争力、发展竞争力、潜力竞争力、综合竞争力6个方面,较为系统完善。中国城市之间贸易发展水平差距悬殊,这一差距是诸多因素造成的,若全面地选取中国城市作为样本,可能会出现结果误差。因此,我们选择在贸易发展水平上具有一定优势的同一梯度城市作为样本,有助于一定程度上减小实证误差。出口贸易竞争力的测算涉及贸易百强城市的进出口贸易额,数据来源于各省市统计局网站。环境规制作为本章的核心解释变量,其衡量指标排污费征收额来自于《中国环境统计年鉴》,个别城市数据缺失的,则从各省市统计局网站取得。数字经济的四项评价指标均来自《中国城市统计年鉴》。控制变量指标均来自于《中国城市统计年鉴》和各省市统计年鉴。全要素生产率的测算中,国内生产总值数据来自于《中国城市统计年鉴》;劳动力投入依据金相郁(2006)[1]的做法,采用"单位从业人员"和"私营与个体从业人员"数值的加总,数据来自于《中国城市统计年鉴》;对于物质资本存量,由于中国没有直接的统计数据,我们参考张军等(2004)[2]估算的2000年物质资本存量,采用永续盘存法估算获得。

---

[1] 金相郁:《中国城市全要素生产率研究:1990—2003》,《上海经济研究》2006年第7期。

[2] 张军、吴桂英、张吉鹏:《中国省际物质资本存量估算:1952—2000》,《经济研究》2004年第10期。

第二节 环境规制对中国出口贸易竞争力的效应分析及其地区差异

一、基准回归

我们采用逐步回归的方法,以规避环境规制一次项与二次项同时存在所引起的可能的多重共线性问题。先引入核心解释变量环境规制,再逐个引入控制变量,同时,均控制年份固定效应和城市固定效应。回归结果如表3-2所示。以列(6)为例,下文将具体分析各变量的回归结果。

环境规制会削弱出口贸易竞争力,但环境规制达到一定强度后会增强出口贸易竞争力。如表3-2所示,环境规制一次项(ER)对出口贸易竞争力的系数为负,且在1%的水平上显著,但环境规制二次项(ER^2)对出口贸易竞争力的系数为正,这说明环境规制在达到一定强度之前与出口贸易竞争力负相关,超过该强度后与出口贸易竞争力正相关,即环境规制对出口贸易竞争力的影响呈"U"形特征。

人力资本($Human$)投入会显著增强出口贸易竞争力,这与前文预期相符,表明提高科技人员在职工人数中的比重可以增强出口贸易竞争力。原因可能在于,人力资本投入可以提高企业劳动者整体素质,提高劳动生产效率,同时也可以提高技术的应用效率和要素生产效率(曹亚军、毛其淋,2019)[①]。

---

① 曹亚军、毛其淋:《人力资本如何影响了中国制造业企业成本加成率?——来自中国"大学扩招"的证据》,《财经研究》2019年第12期。

物质资本(Capital)投入对出口贸易竞争力的影响不显著,这可能是由于中国在国际贸易分工中仍然以劳动密集型产业为主,与发达国家相比,中国的R&D投入暂无法有效地转化为出口贸易竞争力,因此应优化物质资本的投入结构,寻找适合中国的资本投入模式。

城镇化水平(City)与出口贸易竞争力正相关,这与预期相符,说明中国城镇化的发展可以增强出口贸易竞争力。城镇化水平的提高反映了经济发展水平的提高,为当地的经济发展提供了需求基础,有利于刺激产业不断发展壮大,进而提高出口贸易竞争力(李晓峰、姚传高,2014)[①]。

对外开放程度(Open)与出口贸易竞争力的关系不显著,这可能是由于外商投资多集中在资本密集型产业,这与中国目前的产业结构不相适应,因此暂时无法对出口贸易竞争力产生显著作用。

表 3-2 基准估计结果

变量名称	出口贸易竞争力					
	(1)	(2)	(3)	(4)	(5)	(6)
ER	−0.023	−0.198**	−0.199**	−0.204**	−0.206**	−0.207***
	(−2.21)	(−2.24)	(−2.35)	(−2.33)	(−2.32)	(−2.39)
ER^2		0.036**	0.036**	0.038**	0.037***	0.038***
		(2.45)	(2.47)	(2.66)	(2.72)	(2.69)
$Human$			0.329***	0.338**	0.339***	0.337***
			(0.60)	(0.89)	(0.75)	(0.97)

---

① 李晓峰、姚传高:《中印服务贸易竞争优势比较及影响因素的实证研究》,《学术研究》2014年第9期。

续表

变量名称	出口贸易竞争力					
	(1)	(2)	(3)	(4)	(5)	(6)
$Capital$				2.432	2.476	2.516
				(3.95)	(4.05)	(3.99)
$City$					0.179***	0.176***
					(2.12)	(2.03)
$Open$						0.060
						(2.34)
C	2.773	2.763	2.632	2.167	2.135	2.110
	(73.95)	(42.13)	(31.32)	(22.18)	(6.35)	(3.78)
年份固定	控制	控制	控制	控制	控制	控制
城市固定	控制	控制	控制	控制	控制	控制
样本量	100	100	100	100	100	100
R^2	0.813	0.845	0.884	0.863	0.893	0.875

注：***、**和*分别表示在1%、5%和10%的显著性水平下显著；括号中数值为t统计量。

二、地区异质性分析

参考张倩(2015)[①]测度的30个省份的环境规制强度，我们将城市分为东部城市和中西部城市，得到东部城市51个，中西部城市49个。其中，东部城市的环境规制强度更高，表现为排污费征收额较大，中西部城市的环境规制强度则相对较低。在分析贸易百强城市整体的环境规制对出口贸易竞争力影响基础上，下文将进一步分析

---

① 张倩:《市场激励型环境规制对不同类型技术创新的影响及区域异质性》，《产经评论》2015年第2期。

环境规制对不同区域城市的出口贸易竞争力的影响,回归结果如表3-3所示,其中(1)—(2)是东部地区的结果,(3)—(4)列是中西部地区的结果。

从东部和中西部的估计结果来看,环境规制对出口贸易竞争力的影响与贸易百强城市整体层面是一致的,即环境规制一次项的系数为负,二次项系数为正,且均在统计上显著。具体地,东部和中西部环境规制一次项的系数均为负,说明两个地区的环境规制均会削弱出口贸易竞争力,但在东部的系数为-0.1353,绝对值大于中西部的-0.0362,且显著性水平高于西部,这说明在东部地区环境规制对出口贸易竞争力的削弱作用更强,这可能是由于东部地区的环境规制强度更高,环境规制带来的成本效应较为显著(原毅军、谢荣辉,2014;范丹、孙晓婷,2020)[1],而中西部地区的环境规制强度较弱,对出口贸易竞争力的影响相对较小。同时,东部和中西部环境规制二次项的系数均为正,说明在两个地区的环境规制在达到一定强度后,均可以增强出口贸易竞争力,但东部的系数远大于中西部,这说明东部城市的创新补偿效应更强,对出口贸易竞争力的提升作用更强。上述异质性分析进一步说明了环境规制对出口贸易竞争力的影响呈现"U"形特征。从东部和中西部的特点上来看,东部的环境规制二次项系数绝对值较中西部更大,说明在图形中该曲线的斜率更大,曲线更陡,即东部的"U"形较窄,中西部的"U"形较宽。

---

[1] 原毅军、谢荣辉:《环境规制的产业结构调整效应研究——基于中国省际面板数据的实证检验》,《中国工业经济》2014年第8期;范丹、孙晓婷:《环境规制、绿色技术创新与绿色经济增长》,《中国人口·资源与环境》2020年第6期。

表 3-3 区域异质性估计结果

变量名称	东部地区		中西部地区	
	(1)	(2)	(3)	(4)
ER	-0.143***	-0.135***	-0.043**	-0.036**
	(-1.82)	(-1.73)	(-0.98)	(-0.94)
ER^2	0.396**	0.387***	0.086**	0.077**
	(2.33)	(2.31)	(2.29)	(2.14)
Human		0.438**		0.179**
		(1.32)		(1.28)
Capital		0.018		0.015
		(0.37)		(0.33)
City		0.221***		0.061***
		(2.11)		(2.31)
Open		0.076		0.087
		(0.19)		(0.23)
C	7.817	7.664	5.975	4.633
	(3.92)	(3.87)	(4.68)	(4.15)
观测值	51	51	49	49
R^2	0.842	0.854	0.839	0.848

注：***、**和*分别表示在1%、5%和10%的显著性水平下显著；括号中数值为 t 统计量。

第三节 环境规制对中国出口贸易竞争力的机制分析——基于数字经济视角

一、环境规制与数字经济的交互作用

为验证环境规制与数字经济是否对出口贸易竞争力存在交互作用，我们将数字经济变量引入交互效应模型，回归结果如表3-4所示，其中：

列(1)引入了数字经济一次项,回归结果显表明数字经济与出口贸易竞争力存在正向关系且在1%的水平下显著,这表明数字经济的发展可以增强出口贸易竞争力。可能的原因在于:数字经济通过数字内容、互联网技术、信息基础设施表现出来,数字内容产业尽管在当下不具备强国际竞争优势,但整体上对经济增长和贸易增长作出了贡献;互联网则降低了交易成本和沟通成本,进而降低了生产成本,使产品本身更具有价格优势;信息基础设施建设则更能缩小数字鸿沟,使欠发达地区更具发展潜力,形成自身竞争优势。

列(2)进一步地加入了环境规制与数字经济的交互项,结果表明环境规制和数字经济对出口贸易竞争力存在显著的交互作用。在系数上,环境规制与数字经济的交互项系数显著大于环境规制一次项和数字经济项,说明环境规制和数字经济对出口贸易竞争力具有较强的结构调节效应,即在数字经济发展较好的城市,环境规制对出口贸易竞争力的影响更大,或者说数字经济放大了环境规制对出口贸易竞争力的影响。可能的原因在于,数字经济发展水平较高的城市,一方面已有技术水平较为发达,因此在国际竞争中具有技术优势,另一方面对技术创新更为重视,由此环境规制的创新补偿效应得以放大。

在加入控制变量后,列(3)的结果与贸易百强城市的整体基准回归出现了差别,主要体现在物质资本($Capital$)的作用变得显著,可能的原因在于,R&D的投入一定程度上反映了技术创新,而数字经济本身作为一种基础设施建设为技术创新提供了物质基础。

表 3-4　交互效应估计结果

变量名称	出口贸易竞争力		
	（1）	（2）	（3）
ER	-0.184**	-0.199**	-0.203***
	(-2.78)	(-2.66)	(-2.69)
ER^2	0.086**	0.096***	0.092***
	(1.68)	(1.73)	(1.77)
DE	0.076***	0.068**	0.054*
	(1.35)	(1.33)	(1.39)
$DE \times ER$		0.289***	0.307**
		(2.98)	(2.67)
$Human$			0.035***
			(0.77)
$Capital$			0.163**
			(1.79)
$City$			0.135***
			(1.66)
$Open$			0.070
			(0.35)
C	1.541	1.311	1.187
	(10.63)	(7.35)	(3.98)
观测值	100	100	100
R^2	0.832	0.876	0.881

注：***、** 和 * 分别表示在1%、5%和10%的显著性水平下显著；括号中数值为 t 统计量。

二、数字经济起调节作用的中介效应

如上文所言,环境规制的创新补偿效应能够提高生产力水平,数字经济亦能促进资源优化配置、提高生产力,而生产力水平的提高能够增强出口贸易竞争力。基于此,本章认为全要素生产率(代表生产力水平)为环境规制与数字经济对出口贸易竞争力影响的可能中介渠道,并设定有调节的中介效应模型来验证这一假设,回归结果如表3-5所示。

由列(1)可知,环境规制对出口贸易竞争力的影响与基准模型结论相符,同时,调节变量数字经济项的系数显著为正,即数字经济发展可以促进出口贸易竞争力增强。自变量环境规制项的系数均显著,故可以使用该模型进行下一步检验。

列(2)的结果与现有研究结论一致,即环境规制对全要素生产率存在"U"形影响(刘和旺等,2016)[①],在规制强度达到一定临界水平之前,环境规制会抑制全要素生产率,在达到临界水平之后,环境规制会提高全要素生产率。同时,数字经济对全要素生产率的促进作用更为显著,表现在该列中的数字经济项系数与其他列相比数值更大且显著性水平更高。可能的原因在于,本章涉及的出口贸易竞争力指标数据均为进出口贸易量,影响贸易量的因素不仅仅只包括科学技术因素,而全要素生产率作为生产力水平的一种表示,与数字经济的技术创新作用的关联更为紧密,即生产力水平提高更能通过数字经济发展体现出

---

① 刘和旺、郑世林、左文婷:《环境规制对企业全要素生产率的影响机制研究》,《科研管理》2016年第5期。

来。重要的是,此时自变量环境规制的系数显著,可以进行下一步检验。

列(3)加入了中介变量全要素生产率,环境规制一次项和二次项以及数字经济项的系数正负性和显著性与前两列一致,进一步验证了结果。全要素生产率的系数显著为正,说明全要素生产率提升能够增强出口贸易竞争力,同时也说明全要素生产率作为中介变量是可行且合理的,即全要素生产率在环境规制与数字经济对出口贸易竞争力影响中的中介效应是显著的。

列(4)的重心在于验证数字经济的调节作用,因此引入数字经济与全要素生产率的交互项。交互项系数显著为正,说明全要素生产率在环境规制对出口贸易竞争力的中介效应中,数字经济放大了这种中介效应。至此,表3-5的结果满足前文所述的四个模型成立条件,即环境规制作为自变量、出口贸易竞争力作为因变量、全要素生产率作为中介变量、数字经济作为调节变量的有调节的中介效应模型成立。

表3-5 有调节的中介效应估计结果

变量名称	出口贸易竞争力 (1)	全要素生产率 (2)	出口贸易竞争力 (3)	出口贸易竞争力 (4)
ER	−0.207***	−0.015**	−0.078***	−0.137***
	(−2.32)	(−0.33)	(−0.97)	(−1.77)
ER^2	0.038***	0.002***	0.017***	0.018**
	(1.53)	(0.49)	(0.89)	(1.39)
DE	1.018**	1.957***	0.086**	1.407**
	(2.48)	(3.57)	(1.21)	(2.76)

续表

变量名称	出口贸易竞争力 (1)	全要素生产率 (2)	出口贸易竞争力 (3)	出口贸易竞争力 (4)
TFP			0.237**	0.221***
			(0.96)	(1.21)
DE × TFP				0.689**
				(0.92)
C	2.110	1.377	1.654	1.497
	(3.87)	(0.99)	(2.67)	(2.81)
控制变量	控制	控制	控制	控制
观测值	100	100	100	100
R^2	0.833	0.826	0.857	0.861

注：***、** 和 * 分别表示在1%、5%和10%的显著性水平下显著；括号中数值为 t 统计量。

三、稳健性检验

前文提到，环境规制变量与数字经济变量的评价指标尚不统一，对于不同的研究，选取不同的变量可能导致与预期相差较大的结果。为了处理变量异质性可能带来的问题，我们选择替换变量的方法对贸易百强城市整体进行稳健性检验。

1. 环境规制变量替换

衡量环境规制强度的指标较多，除本章选择的排污费征收额之外，还有从污染排放量、治污设施运行费用等角度考虑的指标。我们参考张成（2010）[①]的做法，从治污成本的角度考虑，选择治污设施运行费用

[①] 张成：《内资和外资：谁更有利于环境保护——来自我国工业部门面板数据的经验分析》，《国际贸易问题》2011年第2期。

占工业增加值的比重来衡量环境规制,治污设施运行费用占工业增加值的比重越高,环境规制强度越强。数据来自于《中国城市统计年鉴》和各省市统计局网站。对基准模型进行稳健性检验的回归结果如表3-6所示。由回归结果可知,在替换变量后,环境规制一次项系数和二次项系数的正负与基准模型一致,且均在统计上显著。该结果再次证实了结论,即环境规制对出口贸易竞争力的影响随规制强度呈"U"形特征,这表明模型的估计结果是稳健的。

2. 数字经济变量替换

我们参考熊励和蔡雪莲(2020)[①]设定的数字经济评价体系,选择专利授权量、新产品产值、互联网宽带接入数、大学生数量、高技术企业数量五个指标,利用熵值法赋权后构建数字经济综合评价指数。这五个指标与表3-1的指标有较大差异。同时,为了检验在替换数字经济变量后,环境规制与数字经济的交互作用依然显著,我们将环境规制变量按照上节中的指标再次替换。对方程(3-2)稳健性检验的回归结果如表3-6所示。

表3-6 变量替换检验结果

变量名称	环境规制变量替换		数字经济变量替换	
	(1)	(2)	(3)	(4)
ER	−0.207***	−0.176***	−0.203***	−0.357***
	(−0.35)	(−0.17)	(−2.69)	(−3.11)

---

① 熊励、蔡雪莲:《数字经济对区域创新能力提升的影响效应——基于长三角城市群的实证研究》,《华东经济管理》2020年第12期。

续表

变量名称	环境规制变量替换		数字经济变量替换	
	(1)	(2)	(3)	(4)
ER^2	0.038***	0.026***	0.092***	0.134***
	(0.17)	(0.12)	(1.77)	(1.89)
DE			0.054*	0.053*
			(1.39)	(1.36)
$DE \times ER$			0.307**	0.265**
			(2.67)	(2.12)
$Human$	0.337***	0.326***	0.035***	0.033***
	(0.68)	(0.54)	(0.77)	(0.64)
$Capital$	2.516	1.893	0.163**	0.156**
	(3.54)	(3.19)	(1.79)	(1.65)
$City$	0.176***	0.189***	0.135***	0.126***
	(2.96)	(2.87)	(1.66)	(1.45)
$Open$	0.060	0.021	0.070	0.044
	(0.18)	(0.12)	(0.35)	(0.21)
C	2.110	2.357	1.187	2.167
	(4.33)	(4.59)	(3.98)	(3.67)
R^2	0.875	0.874	0.884	0.869

注：***、**和*分别表示在1%、5%和10%的显著性水平下显著；括号中数值为t统计量。

回归结果显示：在替换了数字经济评价指标和环境规制指标后，环境规制与数字经济的交互项系数与方程（3-2）中相应的系数均为正，且在统计上显著，表明环境规制与数字经济对出口贸易竞争力存在交互作用，验证了估计结果的稳健性。

小　　结

在数字经济蓬勃发展的背景下,理清环境规制对出口贸易竞争力的影响,是否纳入数字经济的作用显得尤为重要。本章利用熵值法重新度量中国贸易百强城市 2005—2016 年的出口贸易竞争力和数字经济水平,考察了环境规制对出口贸易竞争力的影响及其作用机制。主要得到以下结论:(1)环境规制显著影响了出口贸易竞争力,该影响在成本效应和创新补偿效应共同作用下呈现"U"形特征。(2)东中西部区域异质性分析发现,东部城市"U"形较窄,中西部城市"U"形较宽,即东部城市相较于中西部城市对环境规制更敏感。(3)进一步发现,环境规制与数字经济对出口贸易竞争力的影响有较强的交互效应。(4)有调节的中介效应模型检验显示,在上述的交互效应中,全要素生产率为可能的中介效应渠道。

本章的边际贡献在于:(1)在环境规制对贸易竞争力的影响中引入数字经济变量,丰富了现有的数字经济领域和环境领域对国际贸易影响的研究,深化了对环境规制与出口贸易竞争力关系的理解,还为如何发挥数字经济在平衡环境保护与贸易发展中的作用提供了重要的政策启示。(2)将全要素生产力纳入有调节的中介效应模型,把环境规制、数字经济、全要素生产率、出口贸易竞争力综合起来考察,为以后的研究提供了新的角度。(3)从城市层面考察了环境规制对出口贸易竞争力的影响,并从区域异质性视角分析了东中西部差异,扩宽了现有研究层面。

第四章　环境规制、技术创新与出口贸易竞争力

本章依旧对环境规制与出口贸易竞争力的关系进行研究,与前一章不同的是,本章基于出口增加值测算出口贸易竞争力,能够在垂直专业化分工和贸易下更加真实地反映出口产品的国际竞争力。此外,本章还在"波特假说"的基础上进行了拓展,从技术创新的不同方式来深入考察环境规制对出口贸易竞争力的影响机制,为已有的相关研究提供了有益补充。

第一节　非线性模型构建

一、非线性模型

基于已有研究,环境规制对出口贸易竞争力的影响可能是非线性的,因此本章在模型中引入环境规制的平方项,构建如下计量模型:

$$\ln VRCA_{jt} = \alpha_0 + \alpha_1 \ln ER_{jt} + \alpha_2 (\ln ER_{jt})^2 + \psi X + \delta_j + \varepsilon_{jt} \quad (4-1)$$

其中，ln 表示对变量取自然对数，以使数据更为平稳；j 代表制造业行业；t 代表年份；$VRCA_{jt}$ 代表基于出口增加值测算的显示性比较优势指数，用以反映制造业行业的出口贸易竞争力；ER_{jt} 代表环境规制；δ_j 为行业固定效应，反映行业间的特征差异；ε_{jt} 为随机误差项。X 代表影响出口贸易竞争力的其他控制变量，主要包括：技术创新、资本密集度（Capital）、人力资本（Human）、企业规模（Size）及外商直接投资（FDI）等变量。此外，本章把技术创新分为自主研发（RD）和技术引进（TI），以分别考察不同技术创新方式对出口贸易竞争力的影响。

进一步地，为检验环境规制对出口贸易竞争力的不同作用机制，本章在模型（4-1）的基础上引入环境规制与自主研发及技术引进的交互项，得到如下计量模型：

$$\ln VRCA_{jt} = \beta_0 + \beta_1 \ln ER_{jt} + \beta_2 \ln ER_{jt} \times \ln RD_{jt} + \beta_3 \ln ER_{jt} \times \ln TI_{jt} + \beta_4 (\ln ER_{jt})^2 + \psi X + \delta_j + \mu_{jt} \tag{4-2}$$

其中，$\ln ER_{jt} \times \ln RD_{jt}$ 表示环境规制与自主研发的交互项，如果 β_2 为正，说明环境规制对自主研发具有创新补偿效应，有利于出口贸易竞争力的提高；如果 β_2 为负，则说明环境规制对自主研发主要产生成本效应，不利于出口贸易竞争力的提高。$\ln ER_{jt} \times \ln TI_{jt}$ 表示环境规制与技术引进的交互项，β_3 的经济含义类似于 β_2，可参照解释。

二、变量选取

本章从行业层面考察环境规制对出口贸易竞争力的影响。核心变量环境规制用各行业的工业废水和废气治理费用占该行业增加值的比重来衡量。在后文中，我们对环境规制变量进行替换，利用工业废水和废气治理费用占行业主营业务成本的比重来进行稳健性检验。出口贸易竞争力用第二章中基于出口增加值的显示性比较优势（VRCA 指数）进行衡量。环境规制有可能会通过技术创新的渠道影响出口贸易竞争力，技术创新活动主要包括自主研发和技术引进两种方式。因此，本章用各行业的科技研发活动经费内部支出占该行业工业总产值的比重来衡量自主研发（RD），用各行业引进技术经费支出占该行业工业总产值的比重衡量技术引进（TI）。

为减少因遗漏变量带来的回归误差，确保回归结果的有效性，本章借鉴相关文献研究的有益经验，在回归模型中加入如下控制变量：（1）资本密集度（Capital）是影响出口贸易竞争力的重要因素。一个行业的资本密集度越高，该行业就拥有更多的先进设备，越容易产生竞争优势。我们采用行业固定资产投资与行业职工人数的比值（万元/人）来衡量资本密集度（Tu 等，2019）[1]。（2）人力资本（Human）是影响出口贸易竞争力的另一个重要因素。加强人力资本投资可以提升劳动工人的技能，提高对国际技术溢出的吸收能力，进而可以提升一个行业的出口贸易竞争力（Mallick 和 Sousa，2017）[2]。目前，人力资本的衡量指标较多且不统一，比如工资水平、教育年限、科技人员比重等。考虑到中国的要素市场存在价格扭曲，工资水平并不能真实反映各行业的人力资本状况。因此，本章用各行业科技活动人员数与该行业职工人数的比值来衡量人力资本。（3）企业规模（Size）扩大可以带来规模经济与

---

[1] Tu Z., Zhou T., Zhang N., "Does China's Pollution Levy Standards Reform Promote Green Growth?", *Sustainability*, 2019, Vol.11, pp.61-86.
[2] Mallick S.K., Sousa R.M., "The Skill Premium Effect of Technological Change: New Evidence from United States Manufacturing", *International Labour Review*, 2017, Vol.156, No.1, pp.113-131.

范围经济,有利于企业加大创新投入,提升企业竞争力(Bu 等,2020)①。我们使用各行业的工业总产值与该行业的企业数量的比值来衡量企业规模。(4)外商直接投资(FDI)可以通过国际技术溢出效应促进企业技术进步,改进生产工艺和产品质量,有利于企业国际竞争力的提高(Hering 和 Poncet,2014)②。本章用各行业的国外投资企业及港澳台投资企业的工业总产值与该行业工业总产值的比值来衡量各行业的外商直接投资水平。

三、数据处理

中国在 2000 年以后,陆续出台《中华人民共和国水污染防治实施细则》《中华人民共和国大气污染防治法》《中华人民共和国固体废物污染环境防治法》等环境保护法律法规,这标志着中国的环境规制政策进入了全面深化阶段。同时,考虑到数据的可获得性,测算 VRCA 所需要的 WIOD 数据库,仅更新至 2014 年。因此,我们选取 2000—2014 年的样本数据进行研究。

测算出口增加值时所使用的投入—产出数据,来自于欧盟统计局提供的世界投入—产出数据库(WIOD)。WIOD 数据库的最新版本提供了 2000—2014 年 43 个国家 56 个行业的非竞争型世界投入—产出表(World Input-Output Tables)、供给—使用表(Supply and Use Tables)

---

① Bu M.,Qiao Z.,Liu B.,"Voluntary Environmental Regulation and Firm Innovation in China",*Economic Modelling*,2020,Vol.89,pp.10-18.
② Hering L.,Poncet S.,"Environmental Policy and Exports:Evidence from Chinese Cities",*Journal of Environmental Economics & Management*,2014,Vol.68,No.2,pp.296-318.

和社会经济表(Socio-Economic Accounts),这为测算和分析增加值以及国际比较提供了便利。*RIM* 数据来源于 OECD Stat 的贸易增加值数据库(TiVA)。该数据库中的"EXGR_RIM"表提供了所统计样本国家和地区分产业的"出口中复进口中间品所含国内增加值成分"的年度数据。我们对照 WIOD 和 OECD Stat 的行业分类,整理出中国分行业的 *RIM*。各行业的全球出口增加值、全球总出口增加值的数据来自 OECD Stat 的"出口中的国内增加值成分表"(EXGR_DVA)。

测算环境规制强度所使用的各行业工业废水、废气治理费用数据来自《中国环境统计年鉴》,各行业的增加值和主营业务成本数据来自《中国工业经济统计年鉴》。由于《中国环境统计年鉴》在 2001 年前后的统计口径不一致,本章假定食品加工和制造业、饮料制造业、烟草制造业等 3 个行业在 2000 年的环境规制强度相同;服装及其他纤维制品制造业、木材加工及竹藤棕草制品业、家具制造业、文教体育用品制造业在 2000 年的环境规制强度与 2001 年相同;普通机械制造业、专用设备制造业、交通运输设备制造业、电气机械及器材制造业、电子及通信设备制造业、仪器仪表及文化办公用机械制造业等 6 个行业在 2000 年的环境规制强度相同。此外,由于 2004 年各行业增加值数据缺失,本章用相邻两年的增加值占行业总产值的平均比重乘以 2004 年行业总产值来估算;2008—2014 年行业增加值是根据中国统计局公布的行业增加值增长率推算而来。其他控制变量衡量指标的数据都来自《中国科技统计年鉴》和《中国工业经济统计年鉴》。

鉴于以上不同数据库的行业分类标准和数据统计口径不统一,WIOD 数据库和 OECD Stat 数据库主要是以 ISIC 标准进行分类,而中国行业分类则是以《国民经济行业分类》标准,因此需要将两类数据进行整合。参照以往研究的惯常做法,本章将《国民经济行业分类》(2002)和ISIC(Rev.4)进行匹配,把制造业分类为27个细分行业(由于数据严重缺失,这里剔除了废弃资源和废旧材料回收加工业)。此外,本章选取2000年为样本基期,并采用winsorize方法,对样本数据进行上下1%缩尾处理。各主要变量的统计性描述情况列于表4-1。

表4-1 主要变量的统计性描述

变量符号	具体含义	观测值	均值	标准差
$\ln VRCA_{jt}$	基于出口增加值的显示性比较优势指数	405	0.363	0.589
$\ln ER_{jt}$	环境规制	405	-5.146	1.471
$\ln RD_{jt}$	自主研发	405	-5.003	0.815
$\ln TI_{jt}$	技术引进	405	-6.726	1.676
$\ln Capital_{jt}$	资本密集度	405	2.288	0.780
$\ln Human_{jt}$	人力资本	405	-3.309	0.911
$\ln Size_{jt}$	企业规模	405	-0.104	0.983
$\ln FDI_{jt}$	外商直接投资	405	-1.327	1.098

注:表4-1中的统计性描述均是基于各变量的对数值。

第二节 环境规制对中国出口贸易竞争力的效应分析及其行业差异

一、基准回归

为克服多重共线性的影响,本章采用逐步回归法对式(1)进行面板混合最小二乘(POLS)估计,估计结果报告于表4-2。表4-2第(1)列未添加任何控制变量,第(2)列到第(6)列逐渐增加其他控制变量和行业固定效应。表4-2的估计结果显示出,不管是否添加控制变量,核心解释变量lnER的估计系数均至少在5%的水平上显著为正。这说明加大环境规制强度可以显著地提升中国制造业的出口贸易竞争力。具体来说,在不考虑其他控制变量时,环境规制强度每增加1%,制造业出口贸易竞争力(VRCA)将提升2.9%;在加入所有控制变量时,环境规制对制造业出口贸易竞争力的促进效应大约为2.0%。这一结论支持了"波特假说"。环境规制的平方项系数显著为正,说明实施环境规制政策对制造业出口贸易竞争力的影响并非线性,随着环境规制强度的逐渐加大,会对制造业出口贸易竞争力产生先抑制再促进的"U"形动态影响。也就是说,环境规制对制造业出口贸易竞争力的影响存在一个拐点,在拐点出现之前,环境规制的成本效应较为明显,会抑制制造业出口贸易竞争力的提高;但当环境规制的力度超过拐点后,"补偿效应"逐渐放大,进而会促进出口贸易竞争力的提高。这也说明了"波特假说"的成立需要一定的前提条件。

从其他控制变量的估计结果来看,自主研发(lnRD)和技术引进(lnTI)均显著为正,说明两种技术创新方式均能显著促进制造业出口贸易竞争力的提高。但比较而言,技术引进的促进作用[第(6)列估计系数为0.055]要大于自主研发[第(6)列估计系数为0.009]。这可能是因为技术引进可以更直接促进技术进步,进而提升制造业出口贸易竞争力,而自主研发往往需要更长的研发周期才能有效发挥作用。资本密集度(lnCapital)的估计系数显著为负,说明资本—劳动比的提高反而削弱了制造业的出口贸易竞争力,与预期相反。这一结果可以用

Lin(2006)①提出的适宜技术论来解释,中国目前的要素禀赋结构仍然属于劳动充裕型,因而资本密集度越高,就偏离最适宜的技术结构越远,越不利于贸易比较优势的提高。人力资本($\ln Human$)的估计系数显著为正,与预期相符,表明提高科技活动人员在职工人数中的比重能够发挥更好的比较优势。企业规模($\ln Size$)的估计系数为正但不显著,说明企业规模并不是影响中国制造业出口贸易竞争力的关键因素。事实上,自经济体制改革以来,小规模民营企业在市场中的比例不断提升,但并未降低中国制造业的出口贸易竞争力。外商直接投资($\ln FDI$)的估计系数显著为正,表明引进外资也是驱动中国制造业出口贸易竞争力提升的重要因素之一。

表4-2 基准回归

变量名称	出口贸易竞争力					
	(1)	(2)	(3)	(4)	(5)	(6)
$\ln ER_{jt}$	0.029*** (3.064)	0.025** (2.047)	0.027** (2.217)	0.022** (2.303)	0.028*** (3.611)	0.020*** (4.038)
$\ln (ER_{jt})^2$		0.005** (2.102)	0.006* (1.742)	0.005** (2.014)	0.003*** (3.113)	0.004** (2.010)
$\ln RD_{jt}$			0.011** (2.353)	0.013*** (3.428)	0.011** (2.021)	0.009** (2.050)
$\ln TI_{jt}$			0.054** (2.144)	0.052*** (3.773)	0.047*** (2.904)	0.055** (3.660)
$\ln Capital_{jt}$				−0.076* (−1.714)	−0.058* (−1.722)	−0.063* (−1.800)
$\ln Human_{jt}$					0.037** (2.077)	0.028* (1.793)

---

① Lin J., "Appropriate Technology, Technological Selection, and Economic Growth in Developing Countries", *China Economic Quarterly*, 2006, No.5, pp.985–1006.

续表

变量名称	出口贸易竞争力					
	(1)	(2)	(3)	(4)	(5)	(6)
$\ln Size_{jt}$					0.084 (0.464)	0.097 (1.307)
$\ln FDI_{jt}$						0.103** (2.029)
_cons	1.463*** (3.172)	-3.428*** (-4.035)	-1.753** (-3.429)	0.668*** (2.885)	3.742** (2.111)	-2.563*** (-3.380)
行业固定效应		控制	控制	控制	控制	控制
观测值	405	405	405	405	405	405
R^2	0.101	0.105	0.112	0.115	0.116	0.122

注：***、**和*分别表示在1%、5%和10%的显著性水平下显著；括号中数值为 t 统计量。

二、行业异质性分析

由于各制造业行业具有不同的行业属性和特征，特别是在污染排放强度上存在较大差别，环境规制对不同行业出口贸易竞争力的影响可能呈现出明显的异质性。因此，本章将制造业样本分成不同组别分别进行回归，以检验环境规制对出口贸易竞争力的异质性影响。现有研究主要是通过线性标准化的方法对各行业的污染排放强度进行计算，进而将制造业分为轻度污染行业、中度污染行业和重度污染行业。我们将参照这种行业分类方法，对三类不同污染程度的制造业行业进行重新估计。分样本的估计结果列于表4-3。在表4-3中，第（1）和（2）列为轻度污染行业的估计结果，第（3）和（4）列为中度污染行业的估计结果，第（5）和（6）列为重度污染行业的估计结果。同时，在每一类分样本中,均估计了添加或不添加控制变量和行业固定效应的两种情况。

对比三类不同行业的估计结果可以看出,轻度污染行业样本的环境规制系数为正,但不显著;中度污染行业样本和重度污染行业样本的环境规制系数均显著为正,且前者[第(4)列 $lnER$ 系数为 0.041]小于后者[第(6)列 $lnER$ 系数为 0.083]。这一结果说明,环境规制对中国制造业出口贸易竞争力的促进效应主要表现在中度污染行业和重度污染行业,并且对重度污染行业的促进效应更大,而对轻度污染行业无显著影响。这可能是因为,对轻度污染行业实施的环境规制强度较弱,以至于难以充分发挥环境规制的补偿效应(Cheng 等,2019)[①]。此外,从环境规制的平方项系数看,环境规制对出口贸易竞争力的"U"形影响也主要存在于中度污染行业和重度污染行业。

表4-3 异质性分析结果

变量名称	轻度污染行业		中度污染行业		重度污染行业	
	(1)	(2)	(3)	(4)	(5)	(6)
$\ln ER_{jt}$	0.007	0.005	0.048**	0.041**	0.089**	0.083***
	(0.547)	(1.002)	(2.041)	(2.215)	(2.030)	(3.142)
$\ln (ER_{jt})^2$		0.002		0.008***		0.007**
		(0.336)		(3.422)		(2.183)
控制变量		控制		控制		控制
行业固定效应		控制		控制		控制

---

① Cheng M., Shao Z., Yang C., et al., "Analysis of Coordinated Development of Energy and Environment in China's Manufacturing Industry under Environmental Regulation: A Comparative Study of Sub-Industries", *Sustainability*, 2019, Vol.11, No.22.

续表

变量名称	轻度污染行业		中度污染行业		重度污染行业	
	(1)	(2)	(3)	(4)	(5)	(6)
观测值	150	150	120	120	135	135
R^2	0.037	0.096	0.122	0.153	0.081	0.187

注：***、**和*分别表示在1%、5%和10%的显著性水平下显著；括号中数值为t统计量。表4-3各列回归中均包含常数项。

三、稳健性检验

以上本章考察了环境规制对中国制造业出口贸易竞争力的影响效应及其在不同类型行业上的异质性。但是，在回归模型(4-1)中，可能因遗漏变量而产生较为严重的内生性问题。另外，本章用各行业工业废水和废气治理费用占行业增加值的比重来衡量环境规制，而部分年份的行业增加值数据不完整，是由行业增加值增长率推算得到，这可能会产生一定的估计偏差。因此，为保证估计结果的可靠性，本章进一步从两方面进行稳健性检验。

首先，为缓解内生性问题，本章对制造业行业面板数据进行SYS-GMM估计，并利用AR(1)、AR(2)检验和Sargan检验来判断工具变量是否有效及过度识别问题。从表4-4的估计结果可以看出，在控制内生性后，环境规制对中国制造业出口贸易竞争力的促进作用依然显著[Panel A 第(1)列]，三类不同行业的估计系数和显著性也均未发生实质性改变[Panel A 第(2)—(4)列]。此外，AR(1)和AR(2)检验结果显示出，在10%的显著性水平上，所有估计模型的随机误差项的差分存在一阶自相关,但不存在二阶自相关;Sargan 检验结果显示,在 10% 的显著性水平上,所有估计模型都无法拒绝"过度识别约束是有效的"原假设。因此 SYS-GMM 估计结果是一致的、可靠的。

其次,以工业废水和废气治理费用占行业主营业务成本的比重来衡量环境规制强度,对模型(5-1)重新进行估计,估计结果报告于表 4-4 Panel B。本章发现,在改变环境规制的衡量指标后,不管是全样本还是分类样本,环境规制及其平方项的估计结果均与前文基准回归保持一致。这说明估计结果是稳健可靠的。

表 4-4 稳健性检验结果

变量名称	出口贸易竞争力			
	(1)	(2)	(3)	(4)
Panel A:SYS-GMM 估计				
$\ln ER_{jt}$	0.014***	0.004	0.057***	0.073***
	(3.137)	(0.953)	(3.372)	(2.938)
$\ln (ER_{jt})^2$	0.009*	0.011	0.020*	0.006**
	(1.849)	(1.342)	(1.743)	(2.005)
$AR(1)$	0.034	0.057	0.073	0.020
$AR(2)$	0.214	0.363	0.367	0.188
Sargan test	0.838	0.874	0.728	0.752
Panel B:改变环境规制的衡量指标				
$\ln ER_{jt}$	0.163**	0.026	0.209**	0.306***
	(2.235)	(1.248)	(2.046)	(3.281)
$\ln (ER_{jt})^2$	0.016**	0.003	0.015*	0.024**
	(2.163)	(0.794)	(1.832)	(2.227)
R^2	0.238	0.176	0.147	0.124
控制变量	控制	控制	控制	控制

续表

变量名称	出口贸易竞争力			
	（1）	（2）	（3）	（4）
行业固定效应	控制	控制	控制	控制
观测值	405	150	120	135
样本类型	全样本	轻度污染行业	中度污染行业	重度污染行业

注：***、**和*分别表示在1%、5%和10%的显著性水平下显著；括号中数值为 t 统计量。AR(1)、AR(2)和Sargan test 报告的是相应统计量的 p 值；表4-4各列回归中均包含常数项。

第三节 环境规制对中国出口贸易竞争力的机制分析——基于技术创新视角

现有研究探讨了环境规制对出口贸易竞争力的影响机制，大多认为环境规制主要通过对技术创新的成本效应和"补偿效应"影响出口贸易竞争力(Costantini 和 Mazzanti,2012)[①]，而得到的结论却并不相同。这可能是因为，企业进行技术创新可以选择自主研发和技术引进两种不同方式，而环境规制对这两种技术创新方式的影响是不同的。基于此，本章对模型(4-2)进行回归，以检验环境规制对制造业出口贸易竞争力的不同作用机制，回归结果列于表4-5。

本部分本章将重点考察环境规制与两种不同技术创新方式的交互项的估计系数。表4-5第(1)列为POLS估计结果，交互项 $\ln ER_{jt} \times \ln$

---

① Costantini V., Mazzanti M., "On the Green and Innovative Side of Trade Competitiveness? The impact of Environmental Policies and Innovation on EU Exports", *Research Policy*, 2012, Vol. 41, No.1, pp.132-153.

RD_{jt} 的估计系数显著为负,而 $\ln ER_{jt} \times \ln TI_{jt}$ 显著为正。这说明,环境规制通过两种不同技术创新方式而影响出口贸易竞争力的作用机制存在显著区别,即环境规制对制造业的自主研发主要产生成本效应,在一定程度上抑制了出口贸易竞争力的提高,而对技术引进则主要表现为创新补偿效应,有利于制造业出口贸易竞争力的提升。这可能与中国的技术创新方式存在"取易创难"的特征有关,企业通过技术引进进行技术改造,可以获得较快的创新绩效回报,而自主研发并非加大投入就能产生良好的创新绩效,还要受到行业发展阶段、行业特征、行业资源禀赋条件等多种因素的综合影响。因此,政府实施环境规制政策倒逼企业进行技术创新时,企业可能更加偏向于选择技术引进,而在企业资源总量既定的情况下,自主研发投入将会受到环境规制成本和技术引进支出的双重"挤出效应"影响,从而导致环境规制通过自主研发和技术引进影响制造业出口贸易竞争力的方向是相反的。

表4-5第(2)列为SYS-GMM估计结果,第(3)列是以工业废水和废气治理费用占行业主营业务成本的比重衡量环境规制强度进行的POLS估计。结果显示,在改变回归方法和调整核心解释变量衡量指标后,两个交互项的估计结果依然保持稳健。

表4-5 影响机制检验结果

变量名称	POLS 估计	SYS-GMM 估计	环境规制变量替换
	(1)	(2)	(3)
$\ln ER_{jt}$	0.018**	0.012**	0.155**
	(2.026)	(2.107)	(2.272)
$\ln (ER_{jt})^2$	0.004*	0.007*	0.010**
	(1.913)	(1.844)	(2.306)

续表

变量名称	POLS 估计	SYS-GMM 估计	环境规制变量替换
	(1)	(2)	(3)
$\ln ER_{jt} \times \ln RD_{jt}$	-0.0043**	-0.0029*	-0.0062**
	(-2.129)	(-1.860)	(-2.145)
$\ln ER_{jt} \times \ln TI_{jt}$	0.0011***	0.0005**	0.0014**
	(3.058)	(2.145)	(2.331)
控制变量	控制	控制	控制
行业固定效应	控制	控制	控制
AR(1)	—	0.017	—
AR(2)	—	0.483	—
Sargan test	—	0.934	—
观测值	405	405	405
R^2	0.215	—	0.288

注：***、**和*分别表示在1%、5%和10%的显著性水平下显著；括号中数值为 t 统计量。第(1)列为 POLS 估计结果，第(2)列为 SYS-GMM 估计结果，第(3)列是以工业废水和废气治理费用占行业主营业务成本的比重衡量环境规制强度进行的 POLS 估计结果。AR(1)、AR(2)和 Sargan test 报告的是相应统计量的 p 值；表4-5各列回归中均包含常数项。

小 结

实施环境规制政策是否在保护生态环境的同时，还能提升制造业的国际竞争力，这是很多国家，特别是发展中国家，正在面临的现实挑战。首先，本章从出口增加值的视角重新测算了中国制造业的出口贸易竞争力；进一步地，在"波特假说"的基础上实证考察了环境规制对出口贸易竞争力的影响效应及其行业异质性，并从两种不同技术创新方式检验了环境规制对出口贸易竞争力的作用机制。研究发现:(1)环境规制对中国制造业出口贸易竞争力的促进效应大约为2.0%,但这一影响并非线性,而是呈现"U"形趋势,即"波特假说"的成立需要一定的前提条件。(2)环境规制对出口贸易竞争力的促进效应具有明显的行业异质性,这一促进效应主要体现在重度污染行业,其次为中度污染行业,而对轻度污染行业无显著影响。(3)环境规制在两种不同技术创新方式上的作用机制存在显著区别。环境规制对制造业的自主研发主要产生成本效应,在一定程度上抑制了出口贸易竞争力的提高,而对技术引进则主要表现为创新补偿效应,有利于制造业出口贸易竞争力的提升。以上结论在控制内生性和改变核心变量衡量指标后,依旧保持稳健。

  本章可能的边际贡献在于:(1)相比于以往研究,本章基于出口增加值测算的比较优势指标,能够在垂直专业化分工和贸易下更加真实地反映出口产品的国际竞争力。(2)我们在"波特假说"的基础上进行了拓展,从技术创新的不同方式来深入考察环境规制对出口竞争力的影响机制,这是对已有相关研究的有益补充。

第五章　环境规制、全要素生产率与出口技术复杂度

本章是针对环境规制对出口技术复杂度的实证检验,由于出口技术复杂度同样是出口贸易发展中被广泛关注的话题,为此本书设置了两章实证章节来进行说明,此为其中之一。在本章中,借鉴 HOV 模型,依据中国 35 个城市的制造业以及环境数据,考察环境规制对出口技术复杂度的影响。此外,本章还将环境规制进行具体细分,探讨异质性环境规制可能会带来的异质性影响。

第一节　基于城市视角的 HOV 模型构建

一、HOV 模型

本章利用 HOV 模型研究环境规制对出口竞争力的影响。鉴于环境规制与出口竞争力可能呈现的非线性影响作用,我们将环境规制的二次项纳入回归方程;同时,考虑到环境规制可能通过全要素生产率对

制造业出口竞争力产生影响,我们借鉴李斌(2016)[①]的做法,加入环境规制与全要素生产率的交叉项以考察两者的交互影响。模型设定如下:

$$\pi = \alpha + ER_{it} + \beta_1 ER_{it}^2 + \beta_2 ER_{it} \times TFP_{it} + \beta_3 PGDP_{it} + \beta_4 K_{it} + \beta_5 L_{it} + \varepsilon_{it} \tag{5-1}$$

在式(5-1)中,i 表示城市,t 表示年份。如 ER_{it} 就表示 i 城市在 t 年的环境规制强度,ER_{it}^2 为环境规制的二次项。π 为城市的出口技术复杂度。TFP_{it} 为城市的全要素生产率。$PGDP_{it}$、K_{it}、L_{it} 均为控制变量,分别代表 i 城市 t 年的经济发展水平、物质资本、人力资本。ε_{it} 为方程的随机误差项。

二、变量选取

π 为出口技术复杂度,出口技术复杂度体现了一国(地区)出口产品的技术含量,进而反映该国(地区)的出口竞争力(高翔、袁凯华,2020)[②],在此,本章借鉴第三章中提及的 Hausmann 等(2007)[③]的方法,从行业层面出发,测算行业的出口技术复杂度,测度公式为:

$$ESI_j = \sum_a \frac{X_{ij}/X_i}{\sum X_{ij}/X_i} \times PGDP_i \tag{5-2}$$

[①] 李斌、陈崇诺:《异质型环境规制对中国工业能源效率影响的实证检验》,《统计与决策》2016年第3期。

[②] 高翔、袁凯华:《清洁生产环境规制与企业出口技术复杂度——微观证据与影响机制》,《国际贸易问题》2020年第2期。

[③] Hausmann R., Hwang J., Rodrik D., "What You Export Matters", *Journal of Economic Growth*, 2007, Vol.12, No.1, pp.1–25.

式(5-2)中,ESI_j 为行业 j 的出口技术复杂度,X_{ij} 为 i 城市 j 行业的出口总额,X_i 表示 i 城市的出口总额,$PGDP_i$ 表示城市 i 的人均生产总值。我们借鉴洪世勤和刘厚俊(2013)[①]的测算方法,将 SITCRev.3 分类标准与《国民经济行业分类》对照,将 2600 多种工业制成品归为 24 类制造业,并对行业层面数据取均值得到城市层面的出口技术复杂度指标。

ER 表示环境规制,目前,学术界对环境规制有多种分类,较为广泛运用的分类是将正式环境规制划分为三种不同类型的环境规制,即命令控制型环境规制、市场激励型环境规制和自愿性环境规制(赵玉民等,2009)[②]。我们根据各位学者对环境规制的研究进行分类,将其划为命令型环境规制(ERM)、激励型环境规制(ERI)和自愿型环境规制(ERV)三类。

命令控制型环境规制是指国家有关部门出台的各类政策和制度以及制定的硬性法律、法规,这类环境规制工具可以使企业在各类规章制度下减少污染性生产行为,直接对环境起到改善作用。在命令控制型环境规制下,政府可以通过法律、法规要求来限制企业的生产行为,并对违反相应法律法规的企业进行罚款等处罚。在我国现阶段的所有环境政策中,在各领域中应用最多环境规制手段就是命令控制型环境规制。这种硬性规制可以对生产者产生威慑,直接约束企业生产行为,在该种环境规制下,生产者会权衡利弊,如果罚金在可接受范围之内,可能会继续排放污染,但若排污成本过高,也可能牺牲短期利益,进行科

---

① 洪世勤、刘厚俊:《我国制成品出口技术结构变化与变迁的经济效应——基于动态分类的我国制成品出口技术结构的定量分析》,《国际贸易问题》2013年第4期。

② 赵玉民、朱方明、贺立龙:《环境规制的界定、分类与演进研究》,《中国人口·资源与环境》2009年第6期。

技创新以降低污染。对企业来说,这种硬性的环境规制也可能会抑制企业技术创新的积极性,当必要的环境治理使得企业的总成本上升时,企业会相应减少在技术创新领域的投资;但当企业基于长期利益考量,技术创新会在后期带来"补偿效应",生产者会做出加大研发力度的选择。

市场激励型环境规制是指政府通过市场这个中介来影响企业生产行为的一种环境规制工具,它可以间接引导企业进行绿色生产,减少污染物排放,以此达到环境保护的目的。市场激励型环境规制主要包括排污税费、补贴、押金返还等。市场激励型环境规制具有命令控制型环境规制所不具有的优点,如:市场激励型环境规制能够使生产者拥有更多对环境污染治理投资的自主选择权。但同时市场激励型环境规制也有缺点,即它具有滞后性。这主要是因为经济主体往往对政策工具的反应有一定的延迟,出台的各项政策需要一定的时间才能对经济主体发挥作用,特别是当市场体系不够完善时,市场激励型环境规制很难发挥它应有的作用。

自愿性环境规制是由各个经济主体或其他主体为了保护环境,在此基础上达成的各项协议和承诺等。虽然企业参与其中,但是企业自身并不一定要参与。自愿性环境规制属于非正式环境规制的一种,和命令控制型环境规制与市场激励型环境规制相比,它具有相当大的灵活性,自愿性环境规制作用的发挥主要取决于社会公众环保意识的强弱。随着经济社会的不断发展,人民生活水平不断提高,公众的环保意识也不断得到增强。在日常消费中,公众也更加倾向于选择绿色产品。因此,企业在这种市场氛围下会有更高的环保自觉性。为了迎合公众的消费需求,提升企业的形象,企业会更多地进行绿色生产,以此来获得消费者信任,提高产品的市场竞争力,提升企业经营绩效。这样一来,不管是工业企业还是农业企业都会倾向于技术研发和创新。整体来看,自愿性环境规制对企业技术创新具有显著的正向效应。

我们参考吴磊等(2020)[①]等学者所设定的测度指标,由于命令型环境规制通常为政府主导,故我们选择地区环境从业人员数量这一变量作为命令型环境规制的测度指标;因排污费的征收政策实施时间长范围广,对企业生产作用机制明显,故用各地区排污费的征收数额表示激励型环境规制;同时,由于自愿型环境规制自身所具有的主观性和模糊性,故我们选择使用各地区的最高级别人大、政协对环境治理的提案数量代替自愿型环境规制指标,以反映民众对于环境的关切程度和环保意识的提升情况。ER^2为环境规制的二次项,主要检验是否存在非线性关系;$ER \times TFP$为环境规制与全要素生产率的交叉项,检验环境规制是否通过全要素生产率对出口竞争力产生影响。关于全要素生产率的测量,我们借鉴C-D函数模型估算城市层面全要素生产率数值,其模型如下:

$$Y_{it} = A_{it} \times L_{it}^{\alpha} \times K_{it}^{\beta} \quad (5-3)$$

其中,Y_{it}为城市i在t年的产出水平,A_{it}为城市i在t年的全要素生产率,同理,L_{it}、K_{it}分别为城市i在t年的劳动投入和资本投入;对式(5-3)等式两边对数处理:

$$Y_{it} = \alpha L_{it} + \beta K_{it} + \mu_{it} \quad (5-4)$$

分别用城市生产总值、制造业劳动者数量和制造业固定资本投入量表示Y_{it}、L_{it}和K_{it},对(5-4)式进行估计由此估算得城市层面的全

---

① 吴磊、贾晓燕、吴超等:《异质型环境规制对中国绿色全要素生产率的影响》,《中国人口·资源与环境》2020年第10期。

要素生产率。

PGDP 表示经济发展水平,用每个城市年度人均 GDP 衡量 *K* 表示物质资本,用每个城市制造业固定资产投资数额衡量;*L* 表示人力资本,用每个城市制造业从业人数数量衡量。

三、数据处理

本章基准回归模型中主要包含 8 个变量,其中出口技术复杂度所需的行业与城市层面数据来自于联合国商品贸易统计数据库(UN Comtrade)和各地区 2005—2017 年统计年鉴;异质型环境规制的测度数据来自于《中国环境统计年鉴》和《中国工业统计年鉴》;全要素生产率的测算数据为省市自治区统计信息网数据整理所得;经济发展水平、物质资本和人力资本的数据来自于《中国统计年鉴》。本章采用 Stata15.0 版本对所收集的数据进行处理,得到异质型环境规制对出口竞争力的影响的主要变量的描述性统计结果如下:

表 5-1 全国各变量描述性统计

变量	定义	样本	均值	标准差	最小值	最大值
π	出口竞争力	455	24.76	27.56	3.76	103.02
ERM	命令型环境规制(千人)	455	17.53	3.27	1.23	32.35
ERI	激励型环境规制(亿元)	455	4.12	2.23	0.25	15.26
ERV	自愿型环境规制(百件)	455	16.15	8.26	4.28	23.68
ERM^2	命令型环境规制的平方	455	264.53	8.25	23.62	334.64
ERI^2	激励型环境规制的平方	455	17.32	3.23	2.08	29.27
ERV^2	自愿型环境规制的平方	455	134.70	17.23	8.72	189.03

续表

变量	定义	样本	均值	标准差	最小值	最大值
TFP	全要素生产率	455	4.26	0.04	2.96	11.39
PGDP	人均生产总值(元)	455	56974.27	226.17	30235.19	183263.23
K	物质资本存量(亿元)	455	343.92	213.25	49.15	4433.63
L	人力资本存量(千人)	455	141.57	195.23	34.27	1027.25

注:数据来源于Stata统计结果。

表5-2 东、中、西部地区各变量描述性统计

变量	定义	样本	均值	标准差	最小值	最大值
东部地区						
π	出口竞争力	208	98.26	23.40	3.76	143.05
ERM	命令型环境规制(千人)	208	45.26	9.35	16.37	78.28
ERI	激励型环境规制(亿元)	208	8.27	0.24	3.05	26.38
ERV	自愿型环境规制(百件)	208	14.09	1.34	7.37	26.39
ERM^2	命令型环境规制的平方	208	2312.56	534.23	346.36	3873.27
ERI^2	激励型环境规制的平方	208	70.25	15.35	47.03	93.28
ERV^2	自愿型环境规制的平方	208	278.35	34.88	45.10	374.29
TFP	全要素生产率	208	9.94	0.02	8.13	11.39
PGDP	人均生产总值(元)	208	93734.98	34.27	62642.42	183263.23
K	物质资本存量(亿元)	208	546.26	27.23	239.04	4433.63
L	人力资本存量(千人)	208	257.39	54.90	138.49	1027.25
中部地区						
π	出口竞争力	104	63.27	23.4	34.25	138.36
ERM	命令型环境规制(千人)	104	38.28	8.54	8.37	82.96
ERI	激励型环境规制(亿元)	104	6.37	0.93	1.36	24.35
ERV	自愿型环境规制(百件)	104	17.28	1.04	7.37	23.26
ERM^2	命令型环境规制的平方	104	1444.56	254.85	23.62	2793.37
ERI^2	激励型环境规制的平方	104	53.25	4.68	2.08	73.38
ERV^2	自愿型环境规制的平方	104	348.78	36.90	8.72	533.93

续表

变量	定义	样本	均值	标准差	最小值	最大值
TFP	全要素生产率	104	4.20	1.36	3.21	9.23
GDP	人均生产总值(元)	104	42739.06	39.66	42549.50	10584.96
K	物质资本存量(亿元)	104	402.73	25.38	139.03	555.29
L	人力资本存量(千人)	104	239.48	24.30	160.40	360.34
西部地区						
π	出口竞争力	143	13.37	23.4	2.90	38.49
ERM	命令型环境规制(千人)	143	15.34	8.54	3.89	35.28
ERI	激励型环境规制(亿元)	143	4.23	0.38	0.05	28.84
ERV	自愿型环境规制(百件)	143	6.68	1.34	2.04	7.42
ERM^2	命令型环境规制的平方	143	328.03	27.36	173.83	730.33
ERI^2	激励型环境规制的平方	143	20.28	3.32	4.57	73.38
ERV^2	自愿型环境规制的平方	143	348.78	36.90	78.20	533.93
TFP	全要素生产率	143	2.36	0.94	2.96	5.91
PGDP	人均生产总值(元)	143	63753.98	28.92	30235.19	73884.96
K	物质资本存量(亿元)	143	283.34	9.83	149.15	343.33
L	人力资本存量(千人)	143	154.79	12.34	34.27	279.394

注:数据来源于 Stata 统计结果。

第二节 环境规制对中国出口技术复杂度的效应分析及其区域差异

一、基准回归

参照 Hausmann 检验,对 35 个城市 2005—2017 年的 455 组面板数

据进行固定效应模型回归分析。实证结果显示，针对参数联合检验的 F 统计量值为 288.34，P 值为 0.000，R^2 为 0.113，说明参数在整体上显著，并且这些变量能够较好的解释环境规制与中国制造业出口竞争力的关系。结果如表 5-3 显示：

命令型环境规制（ERM）的一次项为正，二次项为负，均在 1% 水平上通过了显著性检验。说明命令型环境规制与出口竞争力呈现倒"U"形相关，短期内，命令型环境规制会提升中国制造业出口技术复杂度，但是长期而言，随着命令性环境规制的持续实施，在经过某一特定的规制强度后，规制的实施将有损中国制造业出口技术复杂度；同时，命令型环境规制与企业全素生产率的交互项数值显著为正，表明命令型环境规制通过全要素生产率对出口技术复杂度产生显著正面影响。在命令型环境规制初期，严格的环境政策会使得众多的低生产效率的企业被迫退出市场，新晋企业也必须满足环保生产标准才会选择进入。在进入退出效应和产品转换效应的作用下，短期命令型环境规制会有效提升中国制造业出口技术复杂度；然而从长期来看，命令型环境规制的不断加强会使得遵循成本效应强于进入退出效应和产品转换效应之和，企业产品技术含量的提高和产品转换速度跟不上环境规制政策的要求，企业不得不耗费更多资金用以规范产品生产标准，从而挤占自身的创新投入费用，产品技术水平得不到提升。

激励型环境规制（ERI）的一次项为负，二次项以及其与全要素生产率的交互项均为正，且分别通过了 10%、5% 和 5% 水平下的显著性检验；说明激励型环境规制与出口技术复杂度之间呈"U"形相关，且会显著通过全要素生产率影响中国制造业出口技术复杂度。这一结果说明，短期内，激励型环境规制会抑制中国制造业出口技术复杂度的提升,但是随着环境规制强度增强,其最终会对中国制造业出口技术复杂度起到正面的促进作用。该结论也支持"波特假说",短期内企业在排污费等激励性环境规制的作用下,不可避免的将会加大自身的经营成本,遵循成本效应明显强于创新补偿效应;但是从长期看,企业在考虑长期规制成本后将通过技术创新提升产品品质,实现规制成本的降低和产品竞争力提升的双赢(张成,2011)[①]。

自愿型环境规制(ERV)的一、二次项和其与全要素生产率的交互项均显著为正,分别通过了5%、5%和1%水平的显著性检验。该结论说明自愿型环境规制也是提升中国制造业出口技术复杂度的重要力量;尽管其不具备强制约束力,但是在社会舆论和市场渠道作用下,企业会规范生产流程,通过创新补偿效应实现全要素生产率的提升,进而提升中国制造业出口技术复杂度。

在控制变量中,人均生产总值($PGDP$)在三种环境规制下与出口技术复杂度之间均显著正相关,说明经济发展水平的提升会促进中国制造业出口技术复杂度的提升;物质资本(K)在命令型和激励型环境规制下显著为正,而在自愿型环境规制下不显著,说明在命令型和激励型环境规制中,物质资本丰裕度将直接对中国制造业出口技术复杂度产生较大影响,而在自愿型环境规制中,物质资本的增加并没有很好的促进中国制造业出口技术复杂度的提升;人力资本(L)在三种环境规制下均通过了显著性检验,且结果为正,表明人力资本的增加显著增强了产品的出口技术复杂度。

[①] 张成、陆旸、郭路等:《环境规制强度和生产技术进步》,《经济研究》2011年第2期。

表5-3 异质型环境规制对出口技术复杂度影响的全样本固定效应模型估计结果

解释变量	命令型环境规制 (1)	激励型环境规制 (2)	自愿型环境规制 (3)
ERM	1.921*** (4.326)		
ERM^2	−3.645*** (−4.927)		
ERM × TFP	0.001* (0.538)		
ERI		−2.614* (−1.834)	
ERI^2		3.289** (3.836)	
ERI × TFP		0.003** (2.266)	
ERV			1.175** (0.457)
ERV^2			3.868 (1.132)
ERV × TFP			0.002** (7.457)
PGDP	0.003** (0.242)	0.028** (0.656)	0.004** (1.233)
K	0.043* (0.223)	0.042* (0.754)	0.005 (0.833)
L	5.983*** (1.744)	5.654*** (1.895)	5.827*** (1.667)
样本数	455	455	455

注：***、**和*分别表示在1%、5%和10%的显著性水平下显著；括号中数值为 t 统计量。

二、稳健性检验

基准回归结果显示,命令型、激励型和自愿型环境规制与出口技术复杂度之间分别显著呈倒"U"形、"U"形和正线性相关。为保证结论的稳定性,本章在此进行稳健型检验,参照吴磊等(2020)[①]的做法,分别用"环境行政处罚案件""三同时保证金数额"和"地区环境信访来信总数"作为命令型环境规制、激励型环境规制和自愿型环境规制的替代指标。其中缺失数据用 Stata 缺值分析后进行预测填补。回归结果如表5-4,稳健性检验与基准回归结果基本一致,命令型、激励型和自愿型环境规制与出口技术复杂度之间分别显著呈倒"U"形、"U"形和正线性相关,说明原模型的回归结果是稳健的。

表5-4 异质型环境规制对出口技术复杂度影响的稳健型检验

解释变量	命令型环境规制	激励型环境规制	自愿型环境规制
	(1)	(2)	(3)
ERM	2.826*** (3.721)		
ERM^2	−3.627*** (−4.513)		
$ERM \times TFP$	0.016 (0.274)		
ERI		−2.319* (−3.134)	

---

① 吴磊、贾晓燕、吴超等:《异质型环境规制对中国绿色全要素生产率的影响》,《中国人口·资源与环境》2020年第10期。

续表

解释变量	命令型环境规制 （1）	激励型环境规制 （2）	自愿型环境规制 （3）
ERI^2		3.514** (3.185)	
$ERI \times TFP$		0.025** (2.817)	
ERV			2.515** (1.244)
ERV^2			3.281 (1.195)
$ERV \times TFP$			0.029** (3.184)
$PGDP$	0.022** (0.283)	0.294** (0.122)	0.004** (1.222)
K	0.051* (0.214)	0.048* (0.735)	0.029 (0.934)
L	5.658*** (1.373)	5.829*** (1.334)	5.688*** (1.314)
样本数	455	455	455

注：***、**和*分别表示在1%、5%和10%的显著性水平下显著；括号中数值为 t 统计量。

三、区域异质性分析

本小节使用城市样本及区域虚拟变量，按我国经济区域的划分标准，将35个城市划分至东部、中部和西部区域，从而得到区域样本数据。然后分别对东、中、西部地区经济带进行实证分析，探究不同的区域异质型环境规制对制造业出口技术复杂度产生的影响是否存在区别。实证结果如表5-5所示。结果发现：(1)命令型环境规制对中国三大经济带的制造业出口技术复杂度影响均较为显著；其中，东部与中部地区一次项为正，二次项为负，西部地区一次项为负，二次项为正。说明命令型环境规制对东中西部地区的制造业出口技术复杂度呈倒"U"形影响。同时，命令型环境规制与全要素生产率的交互项在三大经济带均显著为正，说明命令型环境规制通过全要素生产率影响了区域制造业的出口技术复杂度。(2)激励型环境规制对中国三大经济带制造业出口技术复杂度的影响整体上也较为显著；其中，东、中、西部地区的一次项数值均为负，且分别通过了1%、5%和10%的显著性水平检验，而二次项数值则只有东部和中部地区显著为正，说明激励型环境规制对东中部地区的制造业出口技术复杂度呈"U"形相关，而对西部地区的非线性影响不明显。同时，激励型环境规制与全要素生产率的交互项在三个地区均通过了5%水平的显著性检验且为正，表明激励性环境规制通过全要素生产率的渠道影响了区域内制造业出口技术复杂度的变化。(3)相较于命令型和激励型环境规制，自愿型环境规制对区域制造业出口技术复杂度影响的显著性水平是最弱的。其中，东、中、西部区域的一次项和二次项数值均为正，但一次项中只有东、中部地区通过了的显著性检验，西部地区并不显著，二次项则均不显著。结果说明自愿型环境规制与东中部地区制造业出口技术复杂度主要呈正线性相关，而与西部地区制造业出口技术复杂度的影响并不强。同时，自愿型环境规制与全要素生产率的交互项在三大经济带均显著为正，说明自愿型环境规制也通过作用于全要素生产率进而影响区域制造业出口技术复杂度。

表 5-5 异质型环境规制的分组固定效应模型估计结果

解释变量	东部地区 ERM	东部地区 ERI	东部地区 ERV	中部地区 ERM	中部地区 ERI	中部地区 ERV	西部地区 ERM	西部地区 ERI	西部地区 ERV
	(1)	(2)	(3)	(4)	(5)	(6)	(7)	(8)	(9)
ERM	1.997*** (4.933)			1.572** (3.982)			0.826** (2.374)		
ERM^2	-3.645** (-4.973)			-2.363** (-4.293)			1.274* (4.273)		
ERM×TFP	0.002** (0.792)			0.001* (0.492)			0.014** (0.733)		
ERI		-2.373*** (-1.232)			-2.154** (-1.673)			2.386* (2.354)	
ERI^2		3.289** (3.832)			3.725** (3.972)			1.784 (2.373)	
ERI×TFP		0.002*** (2.444)			0.004** (2.285)			0.006** (2.124)	
ERV			2.163** (0.432)			1.373* (0.674)			1.267 (1.282)
ERV^2			3.138 (0.743)			3.278 (1.346)			4.284 (2.792)
ERV×TFP			0.007** (6.254)			0.004** (8.248)			0.025* (7.235)
PGDP	0.053*** (0.173)	0.013*** (0.124)	0.017** (1.525)	0.006** (0.223)	0.022** (0.524)	0.003** (1.232)	0.028** (0.194)	0.016** (0.344)	0.004** (1.834)
K	0.036*** (0.263)	0.097*** (0.634)	0.078* (0.274)	0.049* (0.392)	0.047* (0.255)	0.017** (0.476)	0.029** (0.244)	0.149** (0.743)	0.027** (0.193)
L	6.454*** (1.563)	5.493*** (1.902)	4.731* (6.943)	5.427** (1.422)	5.392*** (1.194)	5.254** (1.283)	4.284 (1.033)	3.294 (2.393)	1.274 (1.813)
样本数	208	208	208	104	104	104	143	143	143

注：***、** 和 * 分别表示在1%、5%和10%的显著性水平下显著；括号中数值为 t 统计量。

第三节　环境规制对中国出口技术复杂度的机制分析——基于全要素生产率视角

本章在此进一步进行渠道机制检验,分析环境规制是否以全要素生产率为中介变量,进而影响中国制造业出口技术复杂度。中介变量示意图如图 5-1 所示;在此,我们参照温忠麟等(2004)[①]逐步回归法的改进方法。设置中介效应检验方程式见(5-5)—(5-7):

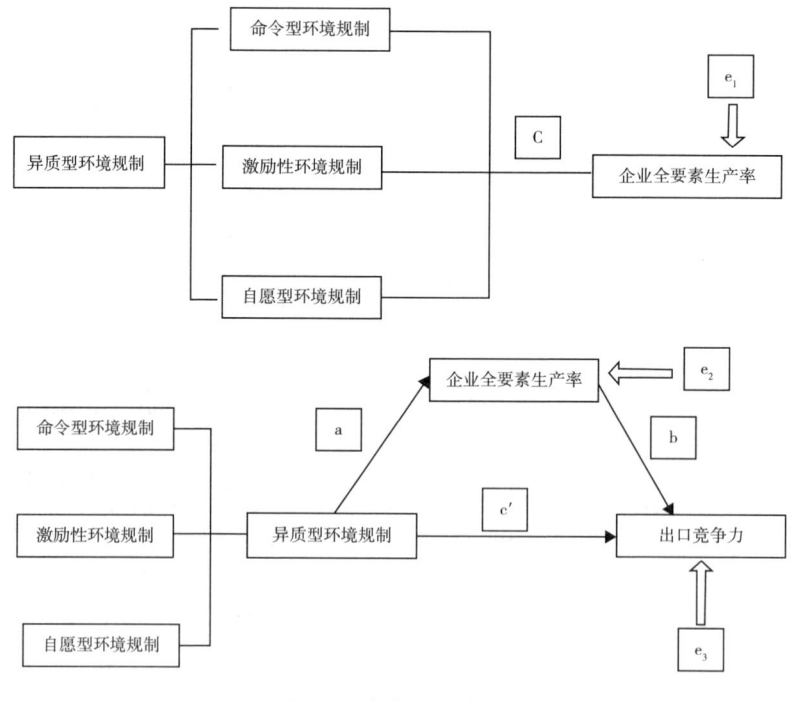

图 5-1　中介机制关系图

---

① 温忠麟、叶宝娟:《有调节的中介模型检验方法:竞争还是替补?》,《心理学报》2014年第 5 期。

$$Y = cX + e_1 \quad (5-5)$$
$$M = aX + e_2 \quad (5-6)$$
$$Y = c'X + bM + e_3 \quad (5-7)$$

其中,Y 为出口竞争力(因变量),X 为环境规制(自变量),M 为全要素生产率(中介变量),e_1、e_2、e_3 为常数。在此运用前文指标与数据,分别对不同的环境规制进行回归进行回归得到结果如表5-6和表5-7所示。

表5-6 全要素生产率(TFP)的中介效应依次检验

	标准化回归方程	回归系数检验
命令型环境规制		
第一步	$Y = -0.29X$	$SE = 0.040, t = -5.8^{**}$
第二步	$M = -0.338X$	$SE = 0.039, t = -8.8^{**}$
第三步	$Y = 0.349M - 0.114X$	$SE = 0.041, t = 8.7^{**}$ $SE = 0.041, t = -2.9^{**}$
激励型环境规制		
第一步	$Y = -0.21X$	$SE = 0.036, t = -5.4^{**}$
第二步	$M = -0.36X$	$SE = 0.033, t = -8.5^{**}$
第三步	$Y = 0.325M - 0.397X$	$SE = 0.039, t = 7.9^{**}$ $SE = 0.044, t = -2.1^{**}$
自愿型环境规制		
第一步	$Y = -0.25X$	$SE = 0.047, t = -5.5^{**}$
第二步	$M = -0.372X$	$SE = 0.028, t = -8.8^{**}$
第三步	$Y = 0.273M - 0.392X$	$SE = 0.044, t = 8.1^{**}$ $SE = 0.050, t = -3.4^{**}$

注:SE 为标准误,** 表示5%的显著性水平;数据来源于 Stata 统计结果。

表 5-7 中介效应占总效应的比重

环境规制	比值 θ
命令型环境规制	$\theta = \dfrac{0.338 \times 0.0349}{0.29} = 0.4068$
激励型环境规制	$\theta = \dfrac{0.325 \times 0.36}{0.21} = 0.5571$
自愿型环境规制	$\theta = \dfrac{0.372 \times 0.273}{0.25} = 0.4062$

由结果可知,依次检验均显著,说明环境规制通过显著作用于全要素生产率(TFP),进而影响中国制造业出口竞争力。在命令型、激励型和自愿型环境规制下,中介效应占总效应的比重分别依次为40.68%、55.71%和40.62%。

小　结

本章基于环境规制对出口技术复杂度的影响机理,借鉴 HOV 模型,依据中国35个城市2005—2017年13年间的制造业和环境数据,考察了环境规制对中国制造业出口技术复杂度的影响及其作用机制。研究结果表明:(1)环境规制对中国制造业出口技术复杂度存在显著影响,其中命令型、激励型和自愿型环境规制与中国制造业出口技术复杂度在规制强度上分别呈倒"U"形、"U"形和正线性相关。(2)异质型环境规制对中国不同区域的制造业出口技术复杂度影响存在明显的异质性差异,其中命令型环境规制对中国东中西部地区制造业出口技术复杂度均呈倒"U"形相关;激励型环境规制对东中部地区制造业出口技术复杂度呈显著的"U"形相关,而对西部地区则呈现正线性影响;自愿型环境规制在东中部地区与制造业出口技术复杂度之间呈显著的正线性相关,而在西部地区,自愿型环境规制与制造业出口技术复杂度之间的关系却并不明显。(3)环境规制主要通过全要素生产率的中介渠道作用于中国制造业出口技术复杂度。为提升中国制造业出口技术复杂度,政府应当实施差异化环境规制,激发企业创新潜能;产业应当在维持现有竞争优势的基础上加快产业结构升级,实现竞争优势的动态延续;企业应当加大技术研发投入,推进技术创新,同时打造绿色品牌,赢得国际竞争的新优势。

本章的边际贡献在于:(1)现有文献对环境规制的指标设计多为某类环境规制形式,或者运用综合指标法赋予不同形式环境规制以权重,从而形成综合指标,然而这些方法并未严格区分不同的环境规制对出口技术复杂度的影响。本章则对环境规制的形式按照赵玉明(2009)①等学者的标准分类,探究异质型环境规制对出口技术复杂度的影响,为环境规制与出口技术复杂度的关系提供来自中国制造业的证据。(2)当前环境规制与出口技术复杂度的研究文献多从省际宏观样本着手,分析环境规制与出口技术复杂度相关性,鲜有文献从城市微观样本角度进行研究。本章选取覆盖中国 32 省、自治区和直辖市的 35 个城市制造业样本数据,探究城市微观层面环境规制与出口技术复杂度的关系,并对城市样本进行区域分类,从区域异质性的角度探究异质型环境规制对不同区域出口技术复杂度的影响是否存在差异。(3)

---

① 赵玉民、朱方明、贺立龙:《环境规制的界定、分类与演进研究》,《中国人口·资源与环境》2009 年第 6 期。

大多数学者在研究环境规制对出口技术复杂度的影响时,仅对环境规制对出口技术复杂度影响机制进行了理论分析,而对可能的传导渠道并未进行实证检验,本章在已有学者对环境规制与全要素生产率相关性研究基础上,对全要素生产率在环境规制与出口技术复杂度之间的中介机制进行实证检验,探究异质型环境规制是否通过全要素生产率进而作用于出口技术复杂度。

第六章　环境规制、研发能力与出口技术复杂度

本章是针对环境规制对出口技术复杂度的实证检验,出口技术复杂度由于能反映出口产品技术含量和出口商品结构的特征而备受学界关注。本章在具体展开实证研究时,不仅会对影响出口技术复杂度的其他变量进行充分考虑,而且也会对环境规制进行分类,讨论异质性环境规制对出口技术复杂度的影响。另外,为了进一步研究环境规制与出口技术复杂度之间的内部传导机制,本章还将研发能力纳入中介机制中,考察环境规制对出口技术复杂度可能的传导机制。

第一节　基于省际视角的 HOV 模型构建

一、HOV 模型

为了验证总环境规制对出口技术复杂度具有成本效应和创新补偿效应双重影响,并最终呈现出非线性"U"形特征,本章借鉴学术界研究

环境规制与国际贸易时最常用的 HOV 模型，建立如下基准模型：

$$Expy_{i,t} = \alpha_0 + \beta_1 ER_{i,t} + \beta_2 (ER_{i,t})^2 + \beta_3 X_{i,t} + \varepsilon_{i,t} \qquad (6-1)$$

上式中，下标 i 和 t 分别代表地区和时间。$ER_{i,t}$ 代表总环境规制，是模型的核心解释变量。$Expy_{i,t}$ 代表出口技术复杂度，为模型的被解释变量。下文中，$ER1_{i,t}$ 代表"前端控制型"环境规制，$ER2_{i,t}$ 代表"末端治理型"环境规制。$X_{i,t}$ 表示控制变量之和，包括物质资本 $K_{i,t}$，人力资本 $Hum_{i,t}$，外商直接投资 $FDI_{i,t}$，α_0 为常数项，$\varepsilon_{i,t}$ 为随机误差项，β_1、β_2、β_3 均为待估参数。环境规制的平方项为检验环境规制与出口技术复杂度之间的非线性关系。

二、中介效应模型

为了深入探究环境规制究竟通过什么作用渠道对出口技术复杂度产生影响，我们采取中介效应模型对二者之间可能的传导机制进行实证检验。通过对现有文献的梳理分析，发现研发能力是环境规制影响出口技术复杂度的可能途径之一。我们将研究的各个变量代入，自变量为环境规制，因变量为各省市出口技术复杂度，研发能力作为中介变量，设定以下的中介模型：

$$Expy_{i,t} = \alpha_0 + \beta_1 ER_{i,t} + \beta_2 (ER_{i,t})^2 + \beta_3 X_{i,t} + \varepsilon_{i,t} \qquad (6-2)$$

$$INN_{it} = \partial_0 + \partial_1 ER_{i,t} + \partial_2 (ER_{i,t})^2 + \partial_3 X_{it} + \varepsilon_{it} \qquad (6-3)$$

$$Expy_{i,t} = \gamma_0 + \gamma_1 ER_{i,t} + \gamma_2 (ER_{i,t})^2 + \gamma_3 INN_{it} + \gamma_4 X_{it} + \varepsilon_{it} \qquad (6-4)$$

上式中，下标 i 和 t 分别代表地区和时间。模型(6-2)为基准模型，与模型(6-1)无区别。模型(6-3)显示环境规制对研发能力的影响,其中,INN_{it}代表研发能力,以各地区专利申请授权数量为测度,且数值越大代表该区域研发能力越强。模型(6-4)表示当研发能力作为中介变量时,环境规制对研发能力的影响。

三、变量选取

为了研究环境规制与出口技术复杂度在长时间内的总体趋势,本章借鉴 Domazlicky 和 Weber(2004)[①]的方法,利用排污综合指数作为衡量总体环境规制的指标。选取废水排放达标率、二氧化硫去除率、固体废物利用率三个单项指标,从三个评价指标层来衡量总环境规制。为了更精细的研究环境规制与出口技术复杂度之间的关系,需考虑环境规制存在的政策差异,我们区分为污染排放前的投资与污染排放后的治理。参考 Lanoie 等(2008)[②]方法,将环境规制分为"前端控制型"环境规制与"末端治理型"环境规制。前者在污染发生前就投入资金,进行环境基础设施建设,包括燃气、排水、智能电网等基础性工程建设。后者在污染发生后采取补救措施,对企业排放的工业污染进行治理,包括处理废水、废气、固体废物、有毒有害物质等。因此,本章采用不同污染物排放强度的加权平均表示总体环境规制($ER_{i,t}$),以环境基础设施建设投资与地区生产总值的比重表示"前端控制型"的环境规制($ER1_{i,t}$);工业污染治理投资与地区生产总值的比重表示"末端治理

[①] Domazlicky B. R., Weber W. L.,"Does Environmental Protection Lead to Slower Productivity Growth in the Chemical Industry?", *Environmental & Resource Economics*, 2004, Vol.28, No.3, pp.301-324.

[②] Lanoie P., Patry M., Lajeunesse R.,"Environmental Regulation and Productivity: Testing the Porter Hypothesis", *Journal of Productivity Analysis*, 2008, Vol.30, No.2, pp.121-128.

型"的环境规制($ER2_{i,t}$)。出口技术复杂度利用第三种提及的方法进行计算。现有文献在研究环境规制对出口贸易的作用渠道时,最常用的中介变量是生产率或技术创新。由于研发能力是影响生产率和技术创新的核心,且与出口技术复杂度直接挂钩。因此,我们选取研发能力INN_{it}作为环境规制影响出口技术复杂度的中介变量,用各地区专利申请授权数量进行测算,该数值越大代表该区域研发能力越强。

为减少因遗漏变量带来的回归误差,确保回归结果的有效性,本章借鉴相关文献研究的有益经验,在回归模型中加入如下控制变量:(1)物质资本(K),劳动力和物质资本是生产函数中最基本要素投入。随着生产力的进步,资本投入趋向提高,直接影响产出效率或技术系数。因此,我们利用资本投入考察物质资本对出口技术复杂度的影响。具体指标采用各地区人均固定资产净值作为物质资本的近似估算。(2)外商直接投资(FDI),外商直接投资能改善国内资本要素条件,还能通过外溢效应促使出口技术进步。我们采用"外国和港澳台工业企业实际利用外资占该行业工业总产值的比重"表示外商直接投资。(3)人力资本(HUM),人力资本的投入会提高从业人员的专业素养和技能水平,从而提升企业整体的生产力水平。进而提升出口技术复杂度。我们通过测算"各地区员工人均受教育年限"反映人力资本数量。

表6-1 变量含义与测算方法

变量名称	变量	测算方法
出口技术复杂度	$PRODY_k$	Hausmann等(2007)测算法
总环境规制	ER	不同污染物排放强度的加权平均

续表

变量名称	变量	测算方法
"前端"环境规制	ER1	环境基础设施建设投资与地区生产总值的比重
"末端"环境规制	ER2	工业污染治理投资与地区生产总值的比重
研发能力	INN	各地区专利申请授权数量
物质资本	K	各地区人均固定资产净值
外商直接投资	FDI	外国和港澳台工业企业实际利用外资占该行业工业总产值的比重
人力资本	HUM	各地区员工人均受教育年限
总环境规制	ERc	治污投资占制造业产值的比重

四、数据处理

本章所用的样本数据来自2004—2013年的《中国工业经济统计年鉴》《中国统计年鉴》《中国环境统计年鉴》《中国劳动统计年鉴》,基于中国制造业的经验证据进行研究。为与现有国内外文献保持一致,在原始样本中删除电力、采矿、燃气及水的生产与供应的相关数据。另外,由于中国在2002年更新了《国民经济行业分类》,且于2003年开始正式实施,因此本章调整了中国工业经济分类(CIC)四位码。最后,进一步参考Feenstra等(2014)[1]的方法,删除异常样本,包括清洁生产制造业、贸易中间商及生产规模小的制造业。

---

[1] Feenstra R.C., Li Z., Yu M., "Exports and Credit Constraints Under Incomplete Information:Theory and Evidence from China", *NBER Working Papers*, 2011, Vol.96, No.4, pp.729-744.

第二节 环境规制对中国出口技术复杂度的效应分析及其规制手段差异

一、基准回归

表6-2报告了环境规制对出口技术复杂度影响的基准回归结果。本章采取修正过后的Hausman模型来确定选取固定效应还是随机效应,结果显示应采用固定效应模型。另外,为避免各控制变量之间存在的不同程度的相关关系,本章在核心变量的基础上依次对其他控制变量进行逐步回归,以避免多重共线性对实证结果的影响。

表6-2第(1)列只控制了地区固定效应与年份固定效应,以此作为比较基础,不难发现环境规制一次项(ER)的估计系数为负,且在10%的水平上显著;环境规制二次项(ER^2)的估计系数为正,且在5%的水平上显著。这初步表明,环境规制对出口技术复杂度的影响大体上表现为先下降后上升的"U"形非线性特征。这一结论与"波特假说"吻合。沈能(2012)[①]也曾提出环境规制强度和技术创新之间呈现"U"形关系。第(2)列在第(1)列的基础上控制了物质资本的影响因素,结果显示:物质资本(K)的估计系数在1%的水平上显著为正,表明物质资本投入的增加会提升出口技术复杂度。这一估计结果符合宏观经济学中经典的经济增长理论,同时与当下中国政府重视以物质资本

---

① 沈能:《环境规制对区域技术创新影响的门槛效应》,《中国人口·资源与环境》2012年第6期。

投入来拉动经济增长的实际情况一致。第(3)列进一步控制了外商直接投资(FDI)的影响因素,结果表明:外商直接投资的估计系数在1%的水平上通过了显著性检验,表明在环境规制的背景下,外商直接投资有利于出口技术复杂度的提升。可能的解释是,中国内源性的自主创新能力相较发达国家还有一定差距,外源性的技术引进会在一定程度上提升国内企业的生产率及出口商品的技术含量。祝树金等(2010)[①]也得出FDI会促进出口技术水平提升的结论。第(4)列加入了人力资本(HUM)这一控制变量,显而易见,人力资本的估计系数为正且在5%水平上显著,表明人力资本投入的增加对出口技术复杂度的提升起正面影响。唐海燕和张会清(2009)[②]的研究显示,人力资本的积累有助于改善一国国际分工地位,在某种程度上也能佐证本章的观点。但对比第(2)列与第(4)列,不难发现物质资本对出口技术复杂度的正面影响大于人力资本。这表明,出口技术复杂度的提升暂时仍以物质资本投入为主导,"粗放型"经济发展模式并未根本转变,应该进一步调整对外经济增长模式,提高人力资本对提升出口技术水平的贡献。更为重要的是,第(5)列结果表明:在同时控制物质资本、外商直接投资、人力资本时,环境规制一次项(ER)的估计系数仍为负,且通过更高水平的(1%)的显著性检验;环境规制二次项(ER^2)的估计系数仍为正,且也通过更高水平的平的(1%)的显著性检验。这一结果进一步刻画出环境规制与出口技术复杂度之间先下降后上升的"U"形非线性曲线,即环境规制达到一定强度前对出口技术复杂度产生负面影响,而在跨

[①] 祝树金、戢璇、傅晓岚:《出口品技术水平的决定性因素:来自跨国面板数据的证据》,《世界经济》2010年第4期。

[②] 唐海燕、张会清:《产品内国际分工与发展中国家的价值链提升》,《经济研究》2009年第9期。

越这一门槛之后,实施有力的环境规制能提升出口技术复杂度。

表6-2 基准回归分析

解释变量	出口技术复杂度				
	(1)	(2)	(3)	(4)	(5)
ER	-0.211* (-1.831)	-0.149** (-1.954)	-0.123*** (-5.871)	-0.088*** (-5.021)	-0.062*** (-3.146)
ER^2	0.293** (2.901)	0.189** (1.173)	0.206*** (5.818)	0.311*** (5.653)	0.210*** (3.178)
K		0.347*** (7.684)			0.362*** (6.563)
FDI			0.177*** (7.138)		0.110*** (5.442)
HUM				0.081** (2.101)	0.067** (1.790)
C	5.892*** (5.693)	8.347*** (4.428)	4.781*** (4.119)	5.119*** (5.759)	4.271*** (5.154)
年份固定效应	控制	控制	控制	控制	控制
地区固定效应	控制	控制	控制	控制	控制
R^2	0.571	0.534	0.529	0.562	0.894

注:***、**和*分别表示在1%、5%和10%的显著性水平下显著;括号中数值为 t 统计量。

二、规制手段异质性分析

由于环境规制存在政策差异与地区差异,"一刀切"的环境规制政策难以有效改善不同地区的环境问题。为研究出更具空间指向性政策措施,本章将从环境规制异质性与区域异质性两个维度深入分析环境规制与出口技术复杂度之间的关系。由于 ER 与 ER^2 会存在高度共线性问题,且如果从环境规制异质性与区域异质性的角度分类,在短期内,环境规制与出口技术复杂度的非线性特征不一定显著。考虑到数据的可获得性与可操作性,在异质性分析时,本章将ER^2去除。即基准模型变为:

$$Expy_{i,t} = \alpha_0 + \beta_1 ER(1,2)_{i,t} + \beta_3 X_{i,t} + \varepsilon_{i,t} \tag{6-5}$$

上式中,下标 i 和 t 分别代表地区和时间。从全国整体角度出发,表6-3第(1)列显示"前端控制型"的环境规制在长期内对出口技术复杂度产生显著的正向影响。这可能是由于在生产前就改善企业基础设施建设或实施前端清洁生产,能使企业获得先动优势、减少研发成本、提升创新积极性,创新补偿效应作用更为明显。王永进和盛丹(2010)[①]研究表明,基础设施建设能够稳健提升出口技术复杂度,也在一定程度上佐证本章得出的结论。

从区域异质性角度出发,表6-3第(2)列显示,在东部地区,"前端控制型"环境规制对出口技术复杂度的正面效应并不显著,这可能是因为东部地区的经济发展水平更高,先进技术和管理经验更为丰富,其产业转型升级更依赖于要素投入结构的调整和升级,实施环境规制对其正面影响较小(原毅军、谢荣辉,2014)[②]。第(3)列、第(4)列表明,在中部、西部地区,"前端控制型"环境规制能促进出口技术复杂度的提升,且对中部地区的提升作用显著高于西部地区。

---

① 王永进、盛丹、施炳展等:《基础设施如何提升了出口技术复杂度?》,《经济研究》2010年第7期。

② 原毅军、谢荣辉:《环境规制的产业结构调整效应研究——基于中国省际面板数据的实证检验》,《中国工业经济》2014年第8期。

表 6-3　前端控制型环境规制和出口技术复杂度的固定效应回归

解释变量	全国地区		东部地区	中部地区	西部地区
	（1）	（2）	（3）	（4）	（5）
ER1	0.185*** (4.551)	0.042*** (2.835)	−0.018 (−1.414)	0.056** (2.634)	0.037** (2.051)
K		0.008*** (15.213)	0.023*** (13.224)	0.015*** (4.747)	0.006*** (6.365)
FDI		−0.007*** (−4.685)	−0.004*** (−3.649)	−0.002 (−0.636)	0.003 (0.883)
HUM		2.685*** (9.187)	1.612*** (5.469)	2.630** (4.004)	3.895*** (8.526)
C	4.295*** (195.504)	3.639*** (85.836)	3.729*** (61.994)	3.489*** (43.131)	3.518*** (70.787)
N	217	217	77	56	85
R^2	0.162	0.818	0.882	0.941	0.884

注：***、**和*分别表示在1%、5%和10%的显著性水平下显著；括号中数值为 t 统计量。

从全国整体角度出发，表6-4第（1）列结果显示，"末端治理型"的环境规制对出口技术复杂度产生负面影响，可能的原因是末端治理投入的成本更高，为控制总成本保证总收益，技术研发的资金投入就会被动减少，此时环境规制会产生较强的成本效应。

从区域异质性角度出发，第（2）列、第（3）列、第（4）列显示，"前端治理型"环境规制在东部地区和中部地区的系数为负，而对西部地区的回归系数为正。这说明"末端治理型"环境规制在一定时期内，对东部及中部地区的出口技术复杂度均产生负面影响，而对西部地区却产生一定的正面影响。这可能是因为西部地区处于制造业聚集的外围地区，其环境政策较东部、中部较为薄弱，因此在西部地区实施"末端治理型"环境规制的投资效果显著。但是，与表6-3第（4）列比较，"前端控制型"与"末端治理型"对西部地区均有正面效应,但比较具体数值可以看出,"前端控制型"在西部地区效果更好。

表6-4 末端治理型环境规制和出口技术复杂度的固定效应回归

解释变量	全国地区		东部地区	中部地区	西部地区
	(1)	(2)	(3)	(4)	(5)
ER2	-0.759*** (-7.147)	-0.221*** (-3.994)	-0.168** (-2.239)	-0.198** (-2.327)	0.0123 (0.199)
K		0.076*** (13.021)	0.016*** (13.174)	0.013*** (6.558)	0.005*** (6.935)
FDI		-0.003*** (-2.666)	-0.002** (-2.484)	-0.004 (-0.643)	0.005 (1.163)
HUM		2.538*** (11.530)	1.359*** (5.495)	2.653*** (5.295)	3.985*** (10.035)
C	4.538*** (238.134)	3.734*** (79.558)	3.819*** (54.464)	3.585*** (42.754)	3536*** (63.273)
N	216	216	77	56	84
R^2	0.263	0.826	0.888	0.950	0.881

注:***、**和*分别表示在1%、5%和10%的显著性水平下显著;括号中数值为 t 统计量。

第三节 环境规制对中国出口技术复杂度的机制分析——基于研发能力视角

一、中介效应

为验证研发能力的中介效应,本章将研发能力 INN 作为中介变量带入表 6-2 第(5)列中。回归结果见表 6-5,显示了环境规制通过研发能力这一作用机制对出口技术复杂度产生的影响。第(1)列是由表 6-2 得出的基准回归结果,刻画出环境规制对出口技术复杂度的影响呈现先抑制后提升的"U"形非线性特征。第(2)列是检验环境规制对研发能力产生影响的估计结果,表明环境规制对研发能力存在同样的"U"形影响。第(3)列检验环境规制是否通过研发能力这一中介机制影响出口技术复杂度,其估计结果显示研发能力估计系数为正,说明研发能力会提升制造业出口产品的技术含量。对比第(3)列与第(1)列可知,加入研发能力后,环境规制对应的估计系数显著降低,具体表现为 ER^2 系数由 0.210 降为 0.017,说明研发能力是环境规制影响出口技术复杂度的作用渠道,且发挥部分中介作用。

表 6-5 中介效应分析

解释变量	EXPY (1)	INN (2)	EXPY (3)
ER	-0.062*** (-3.146)	-0.036** (-0.548)	-0.019*** (-0.256)
ER^2	0.210*** (3.178)	0.003*** (0.565)	0.017*** (2.728)
INN			0.076** (1.215)
K	0.362*** (6.563)	0.167*** (3.478)	0.278*** 4.325
FDI	0.110*** (5.442)	0.004*** (0.184)	2.768*** (2.669)
HUM	0.067** (1.790)	0.158** (0.796)	0.237** (0.968)

续表

解释变量	EXPY （1）	INN （2）	EXPY （3）
C	4.271*** （5.514）	2.379*** （1.709）	3.657*** （2.681）
R^2	0.5954	0.551	0.546

注：***、**和*分别表示在1%、5%和10%的显著性水平下显著；括号中数值为 t 统计量。

二、稳健性检验

由于环境规制变量的评价指标不尽相同，为缩小变量异质性可能导致的差异，本章参考张成等（2011）[①]的方法，用治污投资占制造业产值的比重作为环境规制的替代变量，对表6-2的第（1）列与第（5）列进行稳健性检验。由表6-6可知，在替换环境规制变量的测度后，环境规制一次项、环境规制二次项系数仍与基准回归结果保持一致，该结果证明模型的估计结果是稳健的。再次验证了环境规制对出口技术复杂度的影响呈"U"形特征。

表6-6 稳健性检验

解释变量	（1）列	替换变量	（5）列	替换变量
ER	-0.211*	负	-0.062***	负
ERS^2	0.293**	正	0.210***	正
K			0.362***	

---

① 张成、陆旸、郭路等：《环境规制强度和生产技术进步》，《经济研究》2011年第2期。

续表

解释变量	（1）列	替换变量	（5）列	替换变量
FDI			0.110***	
HUM			0.067**	
C	5.892***		4.271***	5.802***
R^2	0.571		0.894	0.570

注：***、**和*分别表示在1%、5%和10%的显著性水平下显著。

小 结

本章借鉴 HOV 模型，利用 2005—2013 年 31 个省际面板数据考察了异质型环境规制对中国出口技术复杂度的影响及作用机制。研究表明：(1)总体上环境规制对出口技术复杂度的影响呈现先下降再上升的"U"形非线性特征。(2)环境规制存在政策异质性，"前端控制型"环境规制总体上有利于出口技术复杂度的提升；而"末端治理型"环境规制整体上具有一定的负面效应，并不是现阶段理想的环境规制政策。(3)环境规制存在区域异质性，在经济技术水平较高的东部地区，"前端控制型"环境规制对出口技术复杂度产生负面影响，而对中、西部地区的制造业出口升级有积极作用。"末端治理型"环境规制对东、中部地区均呈现负面影响，但对西部地区有一定的正面影响。(4)中介效应结果显示，研发能力是环境规制影响出口技术复杂度的重要渠道。

本章的边际贡献在于：(1)目前关于环境规制与出口技术复杂度的研究，许多是基于企业或行业层面的数据。而本章根据中国制造业的经验证据,从更为宏观的角度考察了环境规制对出口技术复杂度的整体影响。(2)充分考虑到环境规制的政策异质性与区域异质性,分析异质型环境规制在不同地区对出口技术复杂度影响的差异,为制定因地制宜的环境规制政策提供新的思路。(3)本章将研发能力引入中介效应模型,深入检验了环境规制如何通过影响研发能力进而影响出口技术复杂度,深化对环境规制与出口技术复杂度内在关系的理解。

第七章 异质性环境规制与出口成本加成

本章研究环境规制对出口成本加成的影响,并将研究重点放在异质性分析上,以求厘清环境规制对不同企业的出口成本加成的影响。

第一节 非线性模型构建

一、非线性模型

为了考察环境规制对出口成本加成的总体影响,本章建立如下模型:

$$costplus_{ijt} = \beta_0 + \beta_1 EI_{ijt} + \beta_2 (EI_{ijt})^2 + \beta_3 X_{ijt} + \varepsilon_{ijt} \tag{7-1}$$

其中,t、j、i 分别代表时间、地区和企业,$costplus_{ijt}$ 代表地区 j 的企业 i 在时间 t 的出口成本加成,环境规制强度为 EI_{ijt},为了考察环境规制强度对出口成本加成的非线性影响特征,模型中还加入了环境规制变量的平方项 $(EI_{ijt})^2$,X_{ijt} 为一系列控制变量,具体包括企业年龄(Age)及其平方项、全要素生产率(TFP)和资产负债率($Debt$)。因企业年龄和全要素生产率为非比值变量,所以为了消除异方差的影响,将二者取对数进行计算。ε_{ijt} 为随机扰动项。

二、变量选取

本章环境规制的测算采用第三章提及的综合指数法,利用烟尘去除率、粉尘去除率、固体废弃物综合利用率和废水排放达标率作为单项指标,经过计算得到各地区的环境规制强度。出口成本加成同样采用第二章中使用的 Loecker and Warzynski(2012)[①]法,得到各个企业的出口成本加成数据。

为减少因遗漏变量带来的回归误差,确保回归结果的有效性,本章借鉴相关文献研究的有益经验,在回归模型中加入如下控制变量:(1)企业年龄(Age),利用当年年份减去企业成立年份加 1 的方法进行衡量。(2)全要素生产率(TFP),我们利用 DEA 的方法对全要素生产率进行测算,其中产出变量为企业生产总值,投入变量为从业人员数和物质资本存量。(3)资产负债率($Debt$),利用企业期末总负债比上期末总资产得到。

三、数据处理

对环境规制的测算中,各地区工业增加值的数据来源于《中国统计年鉴》,各个地区的单项指标数据均来自于《中国环境年鉴》。对企

[①] Loecker J.D., Warzynski F., "Markups and Firm-Level Export Status", *American Economic Review*, 2009, Vol.102, No.6, pp.2437-2471.

业出口成本加成测算的相关指数源于《中国统计年鉴》，原始数据来源于《中国工业企业数据库》。

我们根据前文提及的测度方法得到中国31个省份的环境规制强度，如表7-1所示。由表7-1可得，环境规制强度相对较弱的区域大部分为经济较为发达的地区，例如北京、上海、天津、广东等，而环境规制强度较强的区域，基本为经济欠发达地区或环境污染较为严重的地区，如山西、广西、甘肃等。这种现象可能是因为经济较发达地区的企业促进企业生产的过程中，对企业创新能力和环保技术的培养也不断增加，面对消费者的环保意识越来越强的大环境，他们不仅看重产品本身的质量，而且对产品的环保质量要求更加严格，从而受到消费者的青睐、扩大产品市场，所以环境规制强度会因企业和消费者的环境意识和投入的增加而相对较弱；而对于经济欠发达地区或环境污染较为严重的地区，由于其企业和消费者的环保意识的匮乏以及经济、技术水平等的限制，其生产过程可能会造成更多的污染，因而其环境规制强度相对较高。

表7-1 中国各地区环境规制强度

地区	均值	标准差	最大值	最小值
全国	1.533	1.516	10.619	0
北京	0.416	0.291	0.901	0.051
上海	0.213	0.121	0.459	0.063
天津	0.401	0.206	0.648	0.021
江苏	1.096	0.451	1.641	0.296
浙江	1.209	0.552	1.903	0.161
河南	2.101	0.806	3.429	0.856

续表

地区	均值	标准差	最大值	最小值
河北	1.637	0.837	2.759	0.195
湖南	2.396	1.852	6.289	0.129
湖北	1.216	0.836	2.437	0.119
山西	2.419	1.346	4.420	0.337
山东	0.983	0.452	1.170	0.113
内蒙古	1.037	0.790	2.396	0.231
辽宁	1.634	0.897	3.027	0.189
吉林	0.984	0.520	1.561	0.027
黑龙江	0.764	0.461	1.672	0.157
安徽	1.831	1.249	4.106	0.296
福建	1.269	0.450	1.821	0.490
江西	2.574	1.476	4.461	0.061
广东	0.511	0.206	0.761	0.197
广西	5.601	3.510	10.619	0.412
海南	1.209	0.618	2.281	0.411
重庆	2.852	1.209	4.396	0.451
四川	1.310	0.749	0.084	2.489
贵州	1.796	1.269	3.910	0.020
陕西	1.643	1.109	3.896	0.301
云南	1.091	0.928	0.031	2.910
甘肃	2.967	0.870	4.096	1.490
新疆	0.619	0.410	1.610	0.031
西藏	0.001	0.001	0.002	0
青海	1.617	1.109	3.361	0.568
宁夏	2.130	1.639	5.697	0.016

至于企业出口成本加成,我们首先对中国工业企业数据进行匹配,得到1998—2007年持续经营的企业,然后选择二分位代码为13—37、39—43的企业为研究对象,得到制造业企业相关数据,最后运用前文所述的方法来测算企业出口成本加成。然而由于数据的缺失,因此在测算企业出口成本加成时,样本量有所减少,共得到85169个观测值。表7-2为全部制造业企业出口成本加成以及全要素生产率的样本描述性统计。由表7-2可得,所有制造业企业的出口成本加成均值为2.370;全要素生产率的平均估计值为4.419。所以产品市场从总体上来看并不是完全竞争的,企业出口成本加成大于2。

其次,由于各地区科技、文化等发展不平衡而存在着差异性,则在不同地区间,企业出口成本加成也会存在差异性,所以需进一步对制造业企业的出口成本加成进行分地区统计,如表7-3所示。由表7-3可得,企业出口成本加成值最大的是内蒙古,为3.716,但是因为本次测算内蒙古地区的样本数量较少,所以其结果可能不具有代表性。除内蒙古外,企业出口成本加成较高的是河南和河北,分别为2.964和2.849,在表7-3中,两地环境规制的强度分别为2.101和1.637,属于中上程度。企业出口成本加成值最低的是西藏,为1.539,但同样因为本次测算其样本量较少,所以其结果可能不具有足够的借鉴意义,除西藏外,企业出口成本加成较低的是新疆和湖南地区,分别为1.714和1.741,由表7-1中可以看到两个地区环境规制强度分别为0.619和2.396,分别处于较低和较高程度。

表 7-2 制造业企业出口成本加成的总体描述性统计

变量	样本数	均值	标准差	最小值	最大值
costplus	85169	2.370	2.501	1.116	12.969
TFP	84037	4.419	1.109	0.007	11.694

表 7-3 制造业企业出口成本加成的分地区描述性统计

地区	均值	标准差	最小值	最大值
北京	1.927	2.027	1.103	10.306
上海	2.230	2.216	1.124	12.894
天津	2.101	2.194	1.116	12.461
江苏	2.317	2.397	1.194	12.963
浙江	2.237	2.064	1.160	12.716
河南	2.964	3.091	1.115	12.967
河北	2.849	3.040	1.107	12.911
湖南	1.741	1.829	1.128	9.847
湖北	2.410	2.721	1.141	12.740
山西	1.983	2.067	1.171	11.209
山东	2.761	2.869	1.124	12.979
内蒙古	3.716	3.069	2.228	6.794
辽宁	2.310	2.497	1.146	12.897
黑龙江	2.241	2.481	1.181	12.795
安徽	2.302	2.318	1.119	11.503
福建	1.981	2.108	1.177	11.814
江西	2.097	2.512	1.149	12.910
广东	2.391	2.647	1.127	12.874
广西	2.134	2.541	1.127	12.432
海南	2.617	2.723	1.164	10.798
重庆	1.840	1.941	1.129	11.253

续表

地区	均值	标准差	最小值	最大值
四川	2.247	2.284	1.126	12.947
贵州	1.821	2.010	1.129	11.416
陕西	1.841	2.277	1.129	12.199
云南	1.871	2.058	1.128	12.513
新疆	1.714	1.765	1.132	8.491
西藏	1.539	1.404	1.178	2.128
青海	1.877	1.701	1.172	4.358
宁夏	2.181	2.437	1.301	11.092

第二节　环境规制对中国成本加成的效应分析及其企业差异

一、基准回归

本章采用逐步回归法考察环境规制对企业出口成本加成的影响，基准估计结果如表7-4所示。第(1)列仅加入核心变量进行回归，第(2)列中除加入环境规制变量及其二次项外，同时加入其他控制变量进行回归分析，并且在测算中对年份、行业和地区效应进行控制。由回归结果可知，控制变量的加入对测算结果并未产生影响，环境规制一次项回归系数均显著为负，而二次项回归系数均显著为正，且在考虑控制变量下，拐点的大小为7.951，结果证明环境规制与出口成本加成之间的关系呈"U"形。从前述环境规制的描述性统计中可知,中国目前环境规制的平均水平为1.533,还未达到拐点,仍处于"U"形左边,在达到拐点之前,环境规制强度的增强会使企业竞争力下降,但随着环境规制的进一步增强超过拐点之后,企业的创新补偿效应可能会大于成本遵循效应,使企业在国际竞争中处于优势地位。

表7-4 环境规制对企业出口成本加成的影响的总体估计

解释变量	出口成本加成	
	(1)	(2)
EI	-0.041***	-0.033***
EI^2	0.002***	0.002***
Age		-0.018**
Age^2		0.001
$Debt$		0.034***
TFP		0.614***
_cons	0.091*	0.498***
N	87142	86391
R^2	0.002	0.086

注:***、**和*分别表示在1%、5%和10%的显著性水平下显著。

二、企业异质性分析

1. 合规成本较低的企业与合规成本较高的企业

为考察环境规制对不同企业出口成本加成的异质性影响,需要对企业的合规成本的高低进行分类,企业合规成本较低则企业规模较大,企业在市场中的话语权更重,因而其可以通过进一步提高定价来实现出口成本加成的提升。而对于合规成本较高的企业,其规模较小,无力对市场中的定价进行改变,只能被迫接受,所以其主要是通过技术革新等方式来实现出口成本加成的提升。因此本章对于合规成本高低的界定用企业规模的大小来衡量,即企业总资产的对数值。通过计算得知,前文所得到的85169个样本企业的平均规模为10.316,则将企业规模大于10.316的企业定义为合规成本较低的企业,将企业规模小于10.316的企业定义为合规成本较高的企业。在区分企业合规成本高低的基础上,对研究样本进行回归,结果如表7-5所示。

由回归结果可知,合规成本较高的企业,环境规制一次项系数显著为负,而二次项系数显著为正,说明在合规成本较高的企业中,环境规制对出口成本加成的"U"形关系依然存在。而对于合规成本较低的企业,环境规制的一次项回归系数显著为负,二次项系数为正却不显著,这可能是因为合规成本较低的企业,其规模较大、垄断程度较高,可以通过提高价格来应对环境成本的上升,因而相对于合规成本较高的企业,环境规制对合规成本较低企业的出口成本加成所造成的不利影响较小,不足以促使其进行技术革新等,导致"U"形关系不明显。

表7-5 不同合规成本企业的估计结果

解释变量	合规成本较高	合规成本较低
	(1)	(2)
EI	-0.028***	-0.036**
EI^2	0.003***	0.005
Age	-0.015*	0.084***
Age^2	0.001	0.013**

续表

解释变量	合规成本较高 (1)	合规成本较低 (2)
Debt	0.031***	0.043
TFP	0.591***	0.586***
_cons	0.269	1.693
N	76549	9842
R^2	0.081	0.178

注：***、**和*分别表示在1%、5%和10%的显著性水平下显著。

2. 创新企业与非创新企业

企业突出的创新能力，可以使其生产效率大大提高、进一步降低企业成本投入，从而提高企业的出口成本加成和竞争力。所以，企业出口成本加成可能会因其是否是创新型企业而存在差异性，因而对创新企业与非创新企业进行区分是有必要的。因"新产品产值"指标样本数量充足，且相对来说可以较好地代表企业的创新能力。因此，基于数据的可得性和代表性，我们将创新企业定义为新产品产值为正的企业，非创新企业则为其他企业。采取同样的方法，将环境规制及其二次项作为核心解释变量进行回归，如表7-6所示，其中第(1)列为环境规制对非创新企业出口成本加成的二次回归所得数据，而第(2)列则为环境规制对创新企业出口成本加成的二次回归数据。

由表7-6可知，无论是否创新企业，其环境规制一次项的回归系数均显著为负，而二次项的回归系数均显著为正，证明在非创新企业和创新企业中，环境规制对企业出口成本加成的影响仍呈"U"形。而且通过计算得知，创新企业环境规制的拐点为2.651，非创新企业环境规制的拐点为 4.781,即在相同条件下创新企业比非创新企业达到拐点的时间更早。

表 7-6 创新企业和非创新企业的估计结果

解释变量	非创新企业 (1)	创新企业 (2)
EI	−0.033***	−0.021*
EI^2	0.003**	0.004**
Age	−0.013	0.020
Age^2	0.001	−0.005
$Debt$	0.038***	0.028
TFP	0.609***	0.541***
_cons	0.174	1.217*
N	72731	13660
R^2	0.094	0.131

注:***、**和*分别表示在1%、5%和10%的显著性水平下显著。

三、稳健性检验

早期学术文献采用会计法测算企业的成本加成,其具体表达式为:

$$\frac{price_{it} - cost_{it}}{price_{it}} = 1 - \frac{1}{costplus_{it}} = \frac{valuead_{it} - payroll_{it}}{valuead_{it} + netcostmaterial_{it}} \quad (7-2)$$

其中,$costplus_{it}$ 表示第 t 年企业 i 的成本加成,$price_{it}$ 代表产品价格,$cost_{it}$ 代表边际成本,$valuead_{it}$ 代表工业增加值,$payroll_{it}$ 为企业在 t 年应付工资总额,企业的净中间投入成本用 $netcostmaterial_{it}$ 表示。会计方法相对来说更加便于测算,但同时虽然会计方法相对来说更加简便,但是由于处理固定成本的会计方法有很多,所以不同方法之间差异性,会造成企业利润和成本加成之间没有稳定经济意义上的时间序列关系,所以可能存在一定程度的偏差,但仍可作为我们测算出口成本加成指标的一种稳健性检验。因此,运用会计方法重新对环境规制与企业出口成本加成的关系进行实证检验,估计结果如表7-7所示。

由表7-7可知,控制变量加入前后,并未对测算结果产生影响,环境规制一次项的回归系数均显著为负,而环境规制二次项的回归系数均显著为正,即环境规制与企业出口成本加成之间为"U"形关系,与前文所得结论一致,验证了其稳健性。

表7-7 环境规制对会计出口成本加成的影响

解释变量	出口成本加成	
	(1)	(2)
EI	-0.005***	-0.002***
EI^2	0.001***	0.001***
Age	—	-0.017***
Age^2	—	0.002***
$Debt$	—	-0.011***
TFP	—	0.382***
_cons	0.218***	-0.121***
N	87142	86391
R^2	0.001	0.342

注:***、**和*分别表示在1%、5%和10%的显著性水平下显著。

小　结

本章的研究运用 Loecker and Warzynski(2012)[①]方法测算企业出口成本加成,研究环境规制与企业出口成本加成之间的关系,并将企业分类进行异质性分析。研究发现:(1)环境规制对企业出口成本加成的总体影响呈"U"形。(2)对于合规成本较低的企业,环境规制对其所产生的负面影响小于合规成本较高的企业,并且在环境规制二次项的回归分析中,对于合规成本较低的企业,其"U"形关系并不显著,说明环境规制对合规成本较低的企业所产生的创新激励不足,不足以达到提升其出口成本加成的效用。(3)进一步分析发现,环境规制与创新企业及非创新企业的出口成本加成的关系均呈"U"形且都显著,并且创新企业相对于非创新企业更早达到环境规制的拐点。

本章可能的边际贡献在于:(1)查阅相关领域文献,大多数文献停留在环境规制对企业生产率或创新层面等微观影响上,本章将企业的出口成本加成纳入环境规制的影响框架之下,为后续研究提供了思路借鉴。(2)从测算方法上,采用扩展的 Loecker and Warzynski (2012)[②]方法来测算企业出口成本加成,相对于产业组织法等其他测算方法来说,更具可靠性和借鉴性。(3)在研究内容上,除了研究

---

① Loecker J.D., Warzynski F., "Markups and Firm-Level Export Status", *American Economic Review*, 2009, Vol.102, No.6, pp.2437–2471.

② Loecker J.D., Warzynski F., "Markups and Firm-Level Export Status", *American Economic Review*, 2009, Vol.102, No.6, pp.2437–2471.

环境规制对企业出口成本加成的影响之外,还具体区分了合规成本较低的企业与合规成本较高的企业,以及是否创新企业进行进一步的分析研究。

第八章 环境规制、企业家精神与出口成本加成

本章依旧研究环境规制对出口成本加成的影响,比上一章更进一步地,本章试图探究环境规制影响出口成本加成的中介机制,此外还将空间效应引入分析框架中。

第一节 模型构建、变量选取与数据处理

一、基准模型

首先构造有关的基准模型:

$$Mkp_{ihjt} = C_0 + \alpha_1 ERI_{jt} + \alpha_2 ERI^2_{jt} + b X_{ijt} + \delta_1 + \delta_2 + \mu_{ihjt} \quad (8-1)$$

其中,Mkp_{ihjt} 表示在 t 时期 j 城市 h 行业中 i 企业的出口成本加成,ERI_{jt} 代表 t 时期 j 城市的环境规制强度;同时,为了考察环境规制对出口成本加成是否存在非线性影响,模型中加入了环境规制的平方项 ERI^2_{jt};X_{ijt} 为控制变量,包括企业规模(FIR)、融资约束(FIN)和出口

强度(EI),C_0是截距项,δ_1为行业固定效应,δ_2为年份固定效应,μ_{ihjt}为随机误差项。

二、中介效应模型

为验证企业家精神是否为环境规制影响出口成本加成的中介变量,本章借鉴 Baron 和 Kenny(1986)[①]的依次检验法。首先检验基本回归模型中系数是否显著,若显著则构建环境规制影响企业家精神的回归模型(模型8-2),检验环境规制是否显著影响企业家精神。若显著,进一步构建环境规制与企业家精神对出口成本加成的计量模型(模型8-3),检验企业家精神是否显著影响出口成本加成,仍显著则说明中介效应存在,此时将基本回归模型和模型8-3相关系数进行比较,可以判断企业家精神中介效应的大小。只有当两个模型的影响均不显著时企业家精神的中介效应才无法验证,否则需要进一步 Sobel 检验,通过检验则中介效应依然存在。

首先构建面板回归模型8-2来验证环境规制对企业家精神的影响。

$$EN_{ihjt} = C_0 + \alpha_1 ERI_{jt} + \alpha_2 ERI^2_{jt} + b X_{ijt} + \mu_{ij} + \lambda_t + \vartheta_{ihjt} \quad (8-2)$$

其中,i 表示企业,h 表示行业,j 表示城市,t 表示年份,EN 为企业家精神(包括创新精神 IE 和创业精神 BE),ERI 为环境规制,X 为控制变量,μ、λ 和 ϑ 分别为不随时间变化的个体效应、不随个体变化的时

---

① Baron R.M., Kenny D.A., "The Moderator-Mediator Variable Distinction in Social Psychological Research: Conceptual, Strategic, and Statistical Considerations", *Journal of Personality and Social Psychology*, 1986, Vol.51, No.6, pp.1173-1182.

间效应以及既随时间变化也随个体变化的随机误差项。

其次通过构建模型 8-3 来验证不同环境规制下企业家精神对出口成本加成的影响。

$$Mkp_{ihjt} = C_0 + \alpha_1 ERI_{jt} + \alpha_2 ERI^2_{jt} + \alpha_2 EN_{jt} + b X_{ijt} + \mu_{ij} + \lambda_t + \vartheta_{ihjt} \tag{8-3}$$

模型中 i 表示企业，h 表示行业，j 表示城市，t 表示年份，Mkp 为出口成本加成，EN 为企业家精神（包括创新精神 IE 和创业精神 BE），ERI 为环境规制，X 为控制变量，μ、λ 和 ϑ 分别为不随时间变化的个体效应、不随个体变化的时间效应以及既随时间变化也随个体变化的随机误差项。

三、变量选取

关于环境规制的衡量，现实中没有固定的政府干预模式，也不存在独立的规制工具，对实际环境规制强度测度带来很大困难。而中国现阶段主要环境规制格局是以投资治理为主，末端治理是中国治污重要方式（原毅军等，2014）[①]，环境治理投资额在一定程度上反映政府治理污染及监控环境的决心。本章采用环境规制相对强度指标，选择各城市环境治理投资占全国环境治理投资平均值的比重来衡量，更加符合中国的实际情况。该比值越大，环境规制强度越强；反之，环境规制强度较低。出口成本加成利用第三章中提及的计算方式进行测算。企业家精神可能是环境规制影响出口成本加成的中介变量，本章按照已有

---

① 原毅军、谢荣辉：《环境规制的产业结构调整效应研究——基于中国省际面板数据的实证检验》，《中国工业经济》2014 年第 8 期。

文献将企业家精神(EN)分为企业家创新精神(IE)和企业家创业精神(BE),并借鉴李宏彬等(2009)[①]方法,选取发明、实用新型和外观设计三种专利的授权数作为企业家创新精神(IE)的测度指标,采用个体和私营企业就业人数占就业人口的比重衡量企业家创业精神(BE),其中企业家创新精神数据来源于《中国科技统计年鉴》。

为减少因遗漏变量带来的回归误差,确保回归结果的有效性,本章借鉴相关文献研究的有益经验,在回归模型中加入如下控制变量:(1)企业规模(FIR):企业生产往往存在规模效应,规模越大产品单位成本越低,这里采用企业总资产对数值作为衡量指标。(2)融资约束(FIN):融资约束可以影响企业研发投入进而对企业出口成本加成产生抑制,这里采用企业利息支出占总资产比重/SA指数作为衡量指标。(3)出口强度(EI):出口强度反映企业通过贸易途径获取商业利润的依赖性,这里采用企业出口总额占销售额的比重度量。

四、数据处理

本章研究所用样本主要来自两个数据库:一是国家统计局公布的中国工业企业数据库;二是中国海关总署的中国海关贸易数据库。首先对存在的样本错配、指标缺失等问题,借鉴 Brandt 等(2013)[②]方法进行整理,并参照现有文献,剔除总产出、工业增加值、销售额、固定资产

[①] 李宏彬、李杏、姚先国等:《企业家的创业与创新精神对中国经济增长的影响》,《经济研究》2009 年第 10 期。

[②] Brandt L., Tombe T., Zhu X., "Factor Market Distortions Across Time, Space and Sectors in China", *Society for Economic Dynamics*, 2013, Vol.16, No.1, pp.113-131.

净值缺失、为负和为零的观测样本,其次借鉴钱学锋等(2015)[①]的方法,根据企业姓名和年份对两个数据库进行匹配,剔除中间商。除此之外还有《中国统计年鉴》《中国环境统计年鉴》《中国科技统计年鉴》和各城市统计年鉴;对于这些数据剔除异常值并采用插值法进行补充。

表 8-1　主要变量的统计性描述

变量名称	符号	均值	标准差
出口成本加成	Mkp_{ihjt}	0.553	0.593
环境规制	ERI_{jt}	0.217	0.375
环境规制的平方项	ERI_{jt}^2	0.879	0.893
企业家创新精神	IE_{jt}	5621.232	10497.100
企业家创业精神	BE_{jt}	0.152	0.091
企业规模	FIR_{ijt}	10.263	1.479
融资约束	FIN_{ijt}	0.011	0.215
出口强度	EI_{ijt}	0.574	0.382

第二节　环境规制对中国出口成本加成的效应分析及其异质性检验

一、基准回归

本章的基准回归结果如表 8-2 所示,其中第(1)列为只控制了行

---

① 钱学锋、潘莹、毛海涛:《出口退税、企业成本加成与资源误置》,《世界经济》2015 年第 8 期。

业固定效应和年份固定效应的回归结果,第(2)列为在此基础上加入控制变量的回归结果。从表8-2结果来看,解释变量 ERI 的估计系数显著为负, ERI^2 的估计系数显著为正,表明在中国城市样本内,环境规制对出口成本加成的影响呈现先抑制后促进的"U"形特征,与谢靖和廖涵(2017)、黄永明和陈小飞(2018)[①]学者关于环境规制对出口质量和出口技术复杂度的研究结论高度一致,也在一定程度上反映了变量间相关性。可能的原因是,在环境规制政策实施前期更多表现为成本效应,即环境规制导致企业成本增加(Jaffe 和 Palmer,1995)[②],边际成本上升,进而导致企业出口成本加成下降;但随着环境规制强度提高,创新补偿效应逐步显现,即企业更有动力采取新技术,降低生产成本的同时提高经济效率(Porter 和 Linde,1995)[③],最终导致企业出口成本加成提升。第(2)列加入相关控制变量后,解释变量 ERI 和 ERI^2 的估计系数及显著性相对稳定,说明环境规制对出口成本加成的影响依然呈现"U"形特征。在控制变量方面,只有融资约束对出口成本加成存在显著负向影响,产生的原因可能在于较重的融资约束需要较高的外部融资成本,加大的融资约束风险使得创新补偿无法弥补融资成本,资源配置扭曲(刘磊、步晓宁,2019)[④],生产率和出口成本加成下降;企业规模和出口强度对出口成本加成的影响均不显著,因此不再赘述。

[①] 谢靖、廖涵:《技术创新视角下环境规制对出口质量的影响研究——基于制造业动态面板数据的实证分析》,《中国软科学》2017年第8期;黄永明、陈小飞:《中国贸易隐含污染转移研究》,《中国人口·资源与环境》2018年第10期。

[②] Jaffe A. B., Palmer K. L., "Environmental Regulation and Innovation: A Panel Data Study", *Social Science Electronic Publishing*, 1997, Vol.79, pp.610-619.

[③] Porter M. E., Linde C., "Toward a New Conception of the Environment-Competitiveness Relationship", *Journal of Economic Perspectives*, 1995, Vol.9, No.4, pp.97-118.

[④] 刘磊、步晓宁:《融资约束、企业异质性与企业成本加成》,《世界经济文汇》2019年第6期。

表 8-2 基准回归结果

解释变量	出口成本加成	
	（1）	（2）
ERI_{jt}	-0.042** (2.113)	-0.048** (2.392)
ERI^2_{jt}	0.011* (2.758)	0.008** (3.601)
FIR_{ijt}		0.051 (0.897)
FIN_{ijt}		-0.102* (1.997)
EI_{ijt}		0.005 (1.213)
行业固定效应	控制	控制
年份固定效应	控制	控制
观测值	1287921	1287921
R^2	0.623	0.642

注：***、**和*分别表示在1%、5%和10%的显著性水平下显著；括号中数值为 t 统计量。

二、稳健性检验

为证明实证结果的可信度，本章主要采取替换变量的方法进行稳健性检验，具体检验方式和结果如下。

1. 更换被解释变量

本章在梳理出口成本加成测度方法时发现，尽管以 Domowitz 等（1986）[1]为代表的会计法忽略了经济周期和外部冲击的影响，但可以

---

[1] Domowitz I., Petersen B.C., Hubbard R.G., "Market Structure and Cyclical Fluctuations in U.S.Manufacturing", *The Review of Economics and Statistics* 1988, Vol.70, No.1, pp.55–66.

较好地反映行业间差异(Siotis,2003)①,较为符合本章研究需要,因此对出口成本加成测度方法进行了替换,回归结果如表8-4的第(1)列所示,环境规制对出口成本加成仍然呈现"U"形关系,且显著性较强,一定程度上可以说明实证结果的稳健性。

2. 更换解释变量

已知关于环境规制的衡量方式有很多,这里进一步选择排污费与工业增加值比值衡量环境规制强度重新估计,具体回归结果如表8-4的第(2)列所示,与表8-4结果基本一致,只是数值大小上略有不同,说明更换解释变量后结果依然稳健。

表8-3 稳健性检验

解释变量	更换被解释变量 (1)	更换解释变量 (2)
ERI_{jt}	0.032*** (5.513)	0.316*** (3.375)
ERI_{jt}^2	−0.008* (1.234)	−0.012** (1.327)
控制变量	控制	控制
行业固定效应	控制	控制
年份固定效应	控制	控制
R^2	0.673	0.681

注:***、**和*分别表示在1%、5%和10%的显著性水平下显著;括号中数值为t统计量。

---

① Siotis G., "Competitive Pressure and Economic Integration: An Illustration for Spain, 1983−1996", *International Journal of Industrial Organization*, 2003, Vol.21, No.10, pp.1435−1459.

三、环境规制类型异质性

Porter and Linde(1995)[①]认为合适且严格的环境规制政策可以引致创新从而抵消成本,实现环境质量和生产率同时提高的双赢(陈诗一,2010)[②],进而可以提升企业出口成本加成。然而,什么类型的环境规制是合适的、可以促进出口成本加成的呢?基于上述疑问,本章将环境规制分为命令型、激励型和公众参与型三个类型:借鉴原毅军和谢荣辉(2014)[③]的方法,采用废水排放达标率、二氧化硫去除率、工业烟尘与粉尘去除率和固体废物综合利用率来测度命令型环境规制强度;采用排污费收入来测量激励型环境规制的强度;各地区环境信访来信总数来衡量公众参与型环境规制强度。在基本回归的基础上,探究不同类型环境规制对出口成本加成影响的异质性,具体结果见表8-5,第(1)、(2)、(3)列分别为命令型、激励型和公众参与型环境规制回归结果。

根据估计结果可知,一方面,不同类型环境规制对出口成本加成影响呈"U"形,与前文所得结论基本一致;另一方面,不同类型环境规制对出口成本加成影响的强度出现差异,命令型环境规制的影响明显大

[①] Porter M.E., Linde C., "Toward a New Conception of the Environment-Competitiveness Relationship", *Journal of Economic Perspectives*, 1995, Vol.9, No.4, pp.97–118.

[②] 陈诗一:《中国的绿色工业革命:基于环境全要素生产率视角的解释(1980—2008)》,《经济研究》2010年第11期。

[③] 原毅军、谢荣辉:《环境规制的产业结构调整效应研究——基于中国省际面板数据的实证检验》,《中国工业经济》2014年第8期。

于另外两种环境规制类型,与王娟茹和张渝(2018)①的结论相符,或许是由于在中国目前的制造业发展阶段上,相比于另外两个类型,命令型环境规制带有强制性,在环境规制后期可以更大程度地促进企业生产技术革新,降低企业边际成本进而促进出口成本加成。

表8-4 不同类型环境规制对出口成本加成影响的估计结果

解释变量	命令型环境规制 (1)	激励型环境规制 (2)	公众参与型环境规制 (3)
ERI_{jt}	-0.067*** (2.035)	-0.054*** (5.342)	-0.046*** (6.376)
ERI^2_{jt}	0.023* (2.186)	0.008 (4.397)	0.011 (5.739)
FIR_{ijt}	0.057** (1.276)	0.043* (0.967)	0.047* (0.854)
FIN_{ijt}	-0.085* (1.986)	-0.032* (1.679)	-0.106* (1.259)
EI_{ijt}	0.008 (1.172)	0.001 (1.189)	-0.003* (0.824)
行业固定效应	控制	控制	控制
年份固定效应	控制	控制	控制

注:***、**和*分别表示在1%、5%和10%的显著性水平下显著;括号中数值为t统计量。

四、行业异质性

由于各行业技术密集度、环境污染程度等指标的差别,环境规制下

---

① 王娟茹、张渝:《环境规制、绿色技术创新意愿与绿色技术创新行为》,《科学学研究》2018年第2期。

的成本效应和创新补偿效应也有所不同(柳建平、郑光凤,2013;单春霞等,2019)[①],有必要分行业研究环境规制对出口成本加成的影响,从而发现各行业环境规制现状,实现贸易的可持续发展。因此,本章基于工业污染排放强度将制造业企业划分到重度污染行业、中度污染行业和轻度污染行业三类,具体方法为:首先对单位工业产值中废气、废水和固体废物排放量数据进行无量纲处理;采用AHP法确定各杂质的权重和属性,基于判断矩阵进行处理;最后计算出2000—2007年污染排放强度指数均值,得到三大行业的划分目录,如表8-6所示。

表8-5 依据污染排放强度的行业分类

污染物排放强度指数	行业分类	对应行业
$0.003<\alpha<0.010$	轻度污染行业(10个)	交通运输、烟草制品、家具制造、纺织服装、通用设备、塑料制品、印刷媒介、计算机、电器机械、文教体育
$0.010<\alpha<0.112$	中度污染行业(13个)	饮料制造、纺织业、燃气生产、农副加工、食品制造、医药制造、石油开采、橡胶制品、木材加工、皮革毛皮、金属制品、仪器仪表、专用设备
$0.112<\alpha<0.473$	重度污染行业(13个)	有金矿采、电力热力、造纸制品、黑金矿采、非金矿物、黑金冶炼、煤炭开采、化学原料、水的生产、化学纤维、有金加工、石油加工、其他采矿

在基本回归的基础上,探究环境规制对不同类型行业出口成本加成影响的异质性,具体结果见表8-7,其中第(1)、(2)、(3)列分别表示轻度污染行业、中度污染行业和重度污染行业回归结果。

根据估计结果可知,环境规制对各行业出口成本加成均呈现先抑

---

① 柳剑平、郑光凤:《环境规制、研发支出与全要素生产率——基于中国大中型工业企业的面板模型》,《工业技术经济》2013年第11期;单春霞、仲伟周、耿紫珍等:《环境规制、行业异质性对工业行业技术创新的影响研究》,《经济问题》2019年第12期。

制后促进的特征,且对中度污染行业和重度污染行业的作用效果更加明显,与已有文献结果相符(蒋伏心等,2013;吴学花等,2021)①。或许是因为环境规制对轻度污染行业约束力较差,其本身环境污染水平或稍加改动就可符合标准(韩晶等,2014)②,无法大幅激发企业改进技术和提高生产力,只会使得企业生产成本提高,进而总体对出口成本加成带来小幅度负向影响;但对于中度污染行业和重度污染行业来说,环境规制虽然在一定时间内增加了企业成本,但企业会更理性地在环境管理与主营业务之间配置资源,选择减少管制成本的新技术与生产工艺,并寻求将污染物转化为可利用的资源(孙学敏、王杰,2014)③,即在后期实现创新补偿效应。

不难发现,环境规制对中度污染行业和重度污染行业出口成本加成影响的结果也有差异,原因或许如下:一方面,尽管环境规制也促进重度污染行业进行创新,但从表8-6可以发现,重度污染行业企业规模较大,环境规制前期带来的成本效应在一定程度上抑制了企业创新补偿效应(徐敏燕、左和平,2013;余东华、胡亚男,2016)④;另一方面,中度污染行业多为具有高技术和清洁生产特征企业,带有自主创新驱

---

① 蒋伏心、王竹君、白俊红:《环境规制对技术创新影响的双重效应——基于江苏制造业动态面板数据的实证研究》,《中国工业经济》2013年第7期;吴学花、刘亚丽、田洪刚,等:《环境规制驱动经济增长的路径——一个链式多重中介模型的检验》,《济南大学学报(社会科学版)》2021年第1期。

② 韩晶、陈超凡、冯科:《环境规制促进产业升级了吗?——基于产业技术复杂度的视角》,《北京师范大学学报(社会科学版)》2014年第1期。

③ 孙学敏、王杰:《环境规制对中国企业规模分布的影响》,《中国工业经济》2014年第12期。

④ 徐敏燕、左和平:《集聚效应下环境规制与产业竞争力关系研究——基于"波特假说"的再检验》,《中国工业经济》2013年第3期;余东华、孙婷:《环境规制、技能溢价与制造业国际竞争力》,《中国工业经济》2017年第5期。

动效应(韩晶等,2018)[①],可与环境规制目标协同实现,从而更大程度降低企业单位成本,提高出口成本加成。

表8-6　环境规制对不同类型行业出口成本加成影响结果

解释变量	轻度污染行业 (1)	中度污染行业 (2)	重度污染行业 (3)
ERI_{jt}	-0.011* (1.033)	-0.034*** (4.352)	-0.051** (2.139)
ERI_{jt}^2	-0.005* (1.386)	0.016* (3.874)	0.013** (2.539)
FIR_{ijt}	0.057 (1.202)	0.043* (0.967)	0.047* (0.854)
FIN_{ijt}	-0.005* (1.658)	-0.132* (1.879)	-0.106* (1.270)
EI_{ijt}	0.009 (1.034)	0.001 (1.823)	-0.003* (0.478)
年份固定效应	控制	控制	控制

注:***、**和*分别表示在1%、5%和10%的显著性水平下显著;括号中数值为t统计量。

第三节　环境规制对中国出口成本加成的机制分析——基于企业家精神视角

基于鲁传一和李子奈(2000)及李宏彬等(2009)[②]的研究,我们推

---

① 韩晶、陈超凡、冯科:《环境规制促进产业升级了吗?——基于产业技术复杂度的视角》,《北京师范大学学报(社会科学版)》2014年第1期。
② 鲁传一、李子奈:《企业家精神与经济增长理论》,《清华大学学报(哲学社会科学版)》2000年第3期;李宏彬、李杏、姚先国等:《企业家的创业与创新精神对中国经济增长的影响》,《经济研究》2009年第10期。

测企业家精神很可能通过边际成本和产品价格对出口成本加成产生影响,因此本章将检验企业家精神是否为环境规制和出口成本加成之间的中介变量。

表8-3显示了企业家精神中介效应的检验结果。其中(1)、(2)、(3)列分别为模型(8-1)、(8-2)、(8-3)的检验结果。模型(8-1)检验结果表明,在控制了企业和年份等因素后,环境规制对出口成本加成影响呈现先抑制后促进的"U"形特征,对应p值0.000,验证了环境规制对出口成本加成有显著作用,可以进一步进行中介效应的检验。模型(8-2)检验结果显示,环境规制对企业家精神的影响也呈现先抑制后促进的"U"形特征,对应p值0.013,与马卫东等(2020)[①]所得研究结论基本一致。模型(8-1)和模型(8-2)的检验结果已经说明,环境规制对中国制造业企业的出口成本加成影响至少有一部分是通过企业家精神来实现的,也就是企业家精神对于环境规制和出口成本加成之间的中介效应是存在的。模型(8-3)检验了企业家精神作为中介变量的显著性。从表8-3结果可以看出,创新精神对出口成本加成影响系数为0.063,相应p值0.012,创业精神对出口成本加成影响系数为0.018,相应p值0.006;与此同时,ERI_{jt}影响系数变成了-0.054,ERI_{jt}^2影响系数变成了0.043,对应p值也提升到了0.004,虽然都在1%水平显著,但是显著性发生较为明显的下降。这一结果表明,企业家精神对环境规制和出口成本加成的关系产生了部分中介效应。

---

① 马卫东、唐德善、史修松:《环境规制与企业家精神之间的双重红利效应研究——来自中国经验的研究(2000—2017年)》,《华东经济管理》2020年第10期。

表 8-7 中介效应检验结果

解释变量	出口成本加成 (1)		企业家精神 (2)		出口成本加成 (3)	
	系数	显著性（p值）	系数	显著性（p值）	系数	显著性（p值）
ERI_{jt}	-0.042***	0.000	-0.135**	0.003	-0.054***	0.006
ERI^2_{jt}	0.011*	0.001	0.054**	0.007	0.043**	0.004
IE_{jt}					0.063***	0.012
BE_{jt}			—		0.018**	0.011
控制变量	控制	控制	控制	控制	控制	控制
行业固定效应	控制	控制	控制	控制	控制	控制
年份固定效应	控制	控制	控制	控制	控制	控制

注：***、**和*分别表示在1%、5%和10%的显著性水平下显著。

第四节 进一步分析：运用空间杜宾模型

研究不同区域的出口成本加成，必须考虑地理邻近区域之间密切的经济互动，通常地理位置越近互动关系越紧密。因此，除基本回归模型之外，本章在普通面板数据中加入研究对象的地理位置信息构成空间面板数据，将空间因素纳入研究，有效消除因变量空间相关而产生的回归偏差，一方面有助于提高实证结果的准确性，另一方面有利于清楚阐述理论模型的经济含义。

一、空间计量模型

首先,在基准模型的基础上建立空间模型前,由于空间面板模型的复杂性,要求在建立具体空间计量模型前对空间面板模型的选择进行识别检验,避免模型设定偏误影响估计有效性。根据 Elhorst 和 Freret(2010)[①]的研究,如同时存在空间滞后效应和空间误差效应,则综合运用 Wald 检验和 LR 检验选择合适的计量模型。空间面板模型的 Wald 检验和 LR 检验结果如表8-8所示,其中第(1)列为反映地理特征的距离空间权重矩阵,第(2)列为反映经济社会特征的经济距离空间权重矩阵。在1%的显著性水平下,两类空间权重矩阵下均拒绝空间杜宾模型转化为空间滞后模型和空间误差模型,因此选择空间杜宾模型进行后续的实证分析。

表8-8 空间面板模型识别检验

	（1）		（2）	
	统计量	P值	统计量	P值
Wald-spatial-lag	32.977	0.000***	43.781	0.000***
LR-spatial-lag	33.343	0.000***	42.525	0.000***
Wald-spatial-error	26.536	0.000***	32.492	0.000***
LR-spatial-error	35.918	0.000***	44.237	0.000***

注:***、**和*分别表示在1%、5%和10%的显著性水平下显著。

---

① Elhorst J.P., Freret S., "Evidenve of Political Yardstick Competition in France using a Two-Regime Spatial Durbin Model with Fixed Effects", *Journal of Regional Science*, 2010, Vol.49, No.5, pp.931-951.

我们借鉴 Elhorst 和 Freret(2010)[①]提出的空间面板极大似然法对模型进行估计,构建环境规制对出口成本加成影响的空间杜宾模型:

$$Mkp_{ihjt} = \rho W \times Mkp_{ihjt} + C_{it} + \beta_1 ERI_{jt} + \beta_2 FIR_{ijt} + \beta_3 FIN_{ijt} +$$
$$\beta_4 EI_{ijt} + \theta_1 W \times ERI_{jt} + \theta_2 W \times FIR_{ijt} + \theta_3 W \times FIN_{ijt} + \theta_4 W \times EI_{ijt} +$$
$$\mu + \varepsilon_{ihjt} \tag{8-4}$$

其中 i 表示企业,h 表示行业,j 表示城市,t 表示年份,$W \times Mkp$ 为出口成本加成的空间滞后变量,C 为截距项,ERI 为环境规制强度变量,FIR 为企业规模,FIN 为融资约束,EI 为出口强度,ρ、β、θ 为待估计的系数,W 是经过标准化的非负空间权重矩阵,μ 为固定效应,ε_{it} 为随机误差项。

其次,空间计量模型有效估计的前提是构造准确反映空间特征的空间权重矩阵,通常采用邻近准则或距离准则定义空间权重矩阵。基于此,本章分别构造反映地理特征的距离空间权重矩阵(W_d)和反映经济社会特征的经济距离空间权重矩阵(W_e),研究环境规制强度对出口成本加成的影响。其中 W_d 为任意两个城市行政中心之间的地理距离倒数构成的空间权重矩阵,对角线元素为0,地理距离越近则空间权重越大。W_d 由已知距离直接得到;W_e 的计算方法如下:

$$W_e = W_d diag(\bar{Y}_1/Y, \bar{Y}_2/Y, \cdots, \bar{Y}_n/Y) \tag{8-5}$$

(9-5)式中,Y_{jt} 为第 t 年城市 j 的人均地区生产总值,Y_j 为考察期内中国各城市 j 的平均人均地区生产总值,$\bar{Y}$ 计算的是考察期内中国

[①] Elhorst J.P., Freret S., "Evidenve of Political Yardstick Competition in France using a Two-Regime Spatial Durbin Model with Fixed Effects", *Journal of Regional Science*, 2010, Vol.49, No.5, pp.931-951.

271个城市的人均地区生产总值。

二、回归结果与分析

为方便比较分析,我们首先进行最小二乘法(OLS)回归,模型样本期为2000—2007年,表8-9第2列报告了OLS估计结果。由于模型存在的空间滞后项可能会带来内生变量问题,表8-9第(1)列到第(6)列显示采用极大似然法的空间计量模型估计结果,比较可知,OLS模型0.623的拟合优度明显弱于空间计量模型,体现了使用空间计量分析的科学性。

从表8-9结果来看,三种模型的空间自回归系数均显著为正,说明环境规制对出口成本加成确实具有空间效应。SDM模型中,空间自回归系数分别为0.234和0.087,并且在5%的水平下显著,表明出口成本加成存在显著的空间正向关联效应,且外部性较强,即本地区与周边地区,尤其是经济发展水平和地理位置较近的城市出口成本加成紧密相关。核心解释变量环境规制的系数为0.035,且在1%的水平下显著,说明环境规制对出口成本加成有显著的空间促进作用,各城市间环境规制对出口成本加成起到帮扶助推作用。

上述结果显示中国271个地级市企业实行环境规制对出口成本加成起到正向促进作用,意味创新补偿效应大于成本效应,进而从总体上提高企业出口成本加成,或许是因为环境规制可以促进生产技术进步(张成等,2011;宋马林、王舒鸿,2013)[1]和企业自主创新(黄德春、刘志

---

[1] 张成、陆旸、郭路等:《环境规制强度和生产技术进步》,《经济研究》2011年第2期;宋马林、王舒鸿:《环境规制、技术进步与经济增长》,《经济研究》2013年第3期。

彪,2006)[1],提高企业全要素生产率,降低企业生产的边际成本进而促进出口成本加成的提高。

表8-9 空间模型回归结果

解释变量	OLS	Spatial matrix=Wd			Spatial matrix=We		
		(1)	(2)	(3)	(4)	(5)	(6)
		SAR	SEM	SDM	SAR	SEM	SDM
ERI_{jt}	0.042*** (2.113)	0.034*** (2.997)	0.031*** (2.762)	0.035*** (3.189)	0.035*** (3.053)	0.032*** (2.790)	0.035*** (3.171)
FIR_{ijt}	0.051 (0.897)	0.044*** (2.014)	0.027 (1.357)	0.020 (1.025)	0.038* (1.939)	0.020 (1.035)	0.010 (0.493)
FIN_{ijt}	-0.102* (1.997)	-0.027 (-1.126)	0.045*** (3.362)	-0.129*** (2.692)	-0.030 (-1.229)	0.027*** (1.691)	-0.134*** (2.920)
EI_{ijt}	0.005 (1.213)	0.002 (0.131)	-0.015 (-0.795)	0.028 (1.532)	0.005 (0.306)	-0.027 (-1.480)	0.030*** (1.661)
$W*ERI_{jt}$				0.043 (1.005)			0.057 (0.999)
$W*FIR_{ijt}$				0.107* (1.648)			-0.006 (-0.084)
$W*FIN_{ijt}$				0.102** (2.393)			0.075*** (2.809)
$W*EI_{ijt}$				-0.157*** (-2.753)			-0.167** (-2.758)
λ/ρ		0.556** (6.976)	0.673*** (10.906)	0.234*** (2.021)	0.556*** (7.700)	0.691*** (13.043)	0.087*** (1.980)
观测值	1287921	1172632	1172632	1172632	1172632	1172632	1172632
R^2	0.623	0.805	0.753	0.818	0.805	0.745	0.821
$Log-like$	233.479	844.697	842.801	861.369	843.797	842.332	865.059

注:***、**和*分别表示在1%、5%和10%的显著性水平下显著;括号中数值为t统计量。

---

[1] 黄德春、刘志彪:《环境规制与企业自主创新——基于波特假设的企业竞争优势构建》,《中国工业经济》2006年第3期。

第八章 环境规制、企业家精神与出口成本加成

与普通计量模型不同,空间杜宾模型的估计系数并不直接表示对被解释变量的影响程度。考虑到一个地区的自变量发生变化,不仅影响本地区的因变量,也可能影响其他地区因变量,本章将前者定义为直接效应,后者定义为间接效应,认为后者反映空间溢出效应,并给出了利用均值测度的方法,Elhorst 和 Freret(2009)①进一步给出了相应统计检验量,这里得到个体固定效应下空间杜宾模型的直接效应、间接效应和总效应,见表8-10,其中(1)列为反映地理特征的距离空间权重矩阵,(2)列为反映经济社会特征的经济距离空间权重矩阵。

由表8-10可知,环境规制对出口成本加成具有明显的正向直接效应,影响程度为0.036,表明环境规制强度的提升会驱动地方出口成本加成。一方面,较强的环境规制对污染较少的企业约束较少(沈能,2012)②,大量资本涌入降低其边际成本MC进而提高出口成本加成;另一方面,较强的环境规制会促使污染密集型企业加大研发投入获得先进技术(颉茂华等,2014)③,提高生产率降低成本,实现创新补偿效应,进而提高出口成本加成。环境规制对出口成本加成间接效应为正,说明环境规制强度提升对周边地区出口成本加成的提高有一定促进作用。产生这一现象的原因可能是某地区环境规制强度提升会对周围地区起到警示和示范。总体来看,一定强度的环境规制通过直接效应和间接效应推动出口成本加成。

---

① Elhorst J.P., Freret S., "Evidenve of Political Yardstick Competition in France using a Two-Regime Spatial Durbin Model with Fixed Effects", *Journal of Regional Science*, 2010, Vol.49, No.5, pp.931-951.

② 沈能:《环境规制对区域技术创新影响的门槛效应》,《中国人口·资源与环境》2012年第6期。

③ 颉茂华、王瑾、刘冬梅:《环境规制、技术创新与企业经营绩效》,《南开管理评论》2014年第6期。

表 8-10 空间杜宾模型直接效应、间接效应和总效应

		（1）		（2）	
		系数	t 值	系数	t 值
直接效应	ERI_{jt}	0.036***	3.302	0.036***	3.375
	FIR_{ijt}	0.022	1.113	0.010	0.493
	FIN_{ijt}	−0.026**	−1.451	−0.029	−1.585
	EI_{ijt}	−0.128***	2.711	−0.129***	2.766
间接效应	ERI_{jt}	0.064	1.180	0.067	1.089
	FIR_{ijt}	0.141*	1.642	−0.004	−0.056
	FIN_{ijt}	−0.166	−2.634	−0.167**	−2.558
	EI_{ijt}	0.126	2.230	0.080	2.870
总效应	ERI_{jt}	0.101**	1.782	0.103*	1.691
	FIR_{ijt}	0.163***	1.785	0.006	0.070
	FIN_{ijt}	−0.038*	−0.184	−0.038	−0.879
	EI_{ijt}	−0.100*	1.739	−0.055**	1.680

注：***、**和*分别表示在1%、5%和10%的显著性水平下显著。

在控制变量方面，企业规模对周边地区和本地的出口成本加成都有正向影响，且有明显的空间溢出效应，说明对于规模较大企业，环境规制带来的创新补偿效应明显大于成本效应，促进生产率变革，提高出口成本加成；同时对于周边地区有一定的辐射带动作用。融资约束对出口成本加成影响的间接效应不显著，但直接效应和总效应均显著为负。此现象产生的原因在于较重的融资约束需要较高的外部融资成本，加大的融资约束风险使得创新补偿无法弥补融资成本，资源配置扭曲（刘磊、步晓宁，2019）[①]，生产率和出口成本加成就会下降；企业融资

[①] 刘磊、步晓宁：《融资约束、企业异质性与企业成本加成》，《世界经济文汇》2019年第6期。

约束是具有个体差异的变量,因而间接效应不显著。出口强度对出口成本加成的间接效应不显著,直接效应和总效应均显著为正,说明出口强度较强地促进了本地的出口成本加成提高,而对周围地区没有太强的空间效应,也印证了已有论述:出口强度增大会抑制产品质量提升(陈爱贞、闫中晓,2020)①,在特定阶段也会对企业技术升级产生负面影响(岳文、韩剑,2017)②,提高产品生产成本进而不利于出口成本加成的提高。

三、稳健性检验

为证明以上实证结果的可信性,进一步选择排污费与工业增加值比值衡量环境规制强度,运用空间杜宾模型重新估计,具体结果见表8-11,其中(1)列为反映地理特征的距离空间权重矩阵,(2)列为反映经济社会特征的经济距离空间权重矩阵。稳健性检验结果显示,环境规制对出口成本加成影响的直接效应和总效应均显著为正,即从空间角度看,环境规制同样是推动出口成本加成提高的有效工具。

表 8-11 稳健性检验

	（1）		（2）	
	系数	t 值	系数	t 值
直接效应 ERI_{jt}	0.032***	5.513	0.316***	3.375

---

① 陈爱贞、闫中晓:《出口强度、资源错配与产品质量》,《厦门大学学报(哲学社会科学版)》2020年第6期。

② 岳文、韩剑:《异质性企业、出口强度与技术升级》,《世界经济》2017年第10期。

续表

	（1）		（2）	
	系数	t值	系数	t值
间接效应 ERI_{jt}	0.008	1.234	0.012	1.3271
总效应 ERI_{jt}	0.330***	6.173	0.432***	4.691

注：***、**和*分别表示在1%、5%和10%的显著性水平下显著。

小　　结

本章首先借鉴 Loecker and Warzynski(2012)①法对出口成本加成进行测算,利用中国271个城市制造业企业数据,构建环境规制与出口成本加成的计量模型,结果发现:(1)环境规制对出口成本加成的影响呈现先抑制后促进的"U"形特征,当环境规制越过某一拐点时,将会开始促进出口成本加成的提升。(2)渠道检验发现,企业家精神在环境规制和出口成本加成之间起到部分中介作用。(3)进一步异质性分析发现,命令型、激励型和公众参与型环境规制对出口成本加成总体均呈"U"形,但命令型环境规制在后期可以更好地促进中国制造业企业出口成本加成;环境规制对轻度、中度和重度污染行业出口成本加成均保持"U"形影响,但越过拐点后,环境规制对中度污染行业出口成本加成提升效果最好。随后,本章认为研究不同区域的出口成本加成,必须考虑到地理邻近区域之间的密切经济互动,因此将空间因素纳入研究中,

---

① Loecker J.D., Warzynski F., "Markups and Firm-Level Export Status", *American Economic Review*, 2009, Vol.102, No.6, pp.2437-2471.

达到有效消除因变量空间相关而产生回归偏差的目的,从而一方面有助于提高实证结果的准确性,另一方面有利于清楚阐述理论模型的经济含义。结果发现:(1)中国各城市出口成本加成具有显著的正向空间溢出效应。(2)一定强度的环境规制可以有效促进本地区出口成本加成,直接效应大于其他地区空间溢出效应。

本章可能的边际贡献在于:(1)将环境规制作为研究出口成本加成的重要解释变量,填补了出口成本加成研究领域空白。(2)将企业家精神作为中介变量进行渠道检验,可以更好地反映环境规制对出口成本加成的影响机制,为研究提供了新思路。(3)运用空间杜宾模型有利于研究外溢性、邻近效应等对变量产生的影响,更好地反映环境规制与出口成本加成的空间关系。

第九章　环境规制、企业家精神与出口产品多元化

本章为环境规制对出口产品多元化的实证检验,正如第二章文献综述中所说,出口产品多元化与出口产品范围、扩展边际虽然高度相关,但在概念与意义上依然存在较大区别,因此探讨环境规制与出口产品多元化的影响,既是对环境规制影响出口产品范围方面研究的扩展,又是对环境规制影响出口扩展边际方面研究的细化。此外,不同于以往文献偏向于从环境规制的成本效应展开研究,本章重点考虑环境规制的创新补偿效应,并探究深受创新补偿效应影响的企业家精神是否为环境规制影响出口产品多元化的中介机制。一定程度上丰富微观企业层面的出口产品多元化研究,并且为环境规制与出口贸易发展研究提供新思路。

第一节　模型构建、变量选取与数据处理

一、基准模型

本章的主要目的是探讨环境规制对出口产品多元化的影响及作用

机制,整个章节遵循的思路为:第一,探讨不同强度环境规制对出口产品多元化的影响,设计基准模型。第二,探讨环境规制影响出口产品多元化的中介机制,设计中介效应模型。基准模型设定如下:

$$Dif_{jkit} = \alpha_0 + \beta_0 EV_{jt} + \beta_1 EV_{jt}^2 + \varphi_0 X_{jit} + \delta_1 + \delta_2 + \varepsilon_{jkit} \quad (9-1)$$

其中,Dif_{jkit}表示省份j中属于k行业的企业i在t年的出口产品多元化指数,EV_{jt}表示为j省份在t年的环境规制强度,为了考察环境规制强度对出口产品多元化的非线性影响特征,模型中还加入了环境规制变量的平方项EV_{jt}^2,X为一系列控制变量,具体包括企业规模($size$)、企业融资约束情况($leverage$),δ_1为企业固定效应,δ_2为年份固定效应,ε_{jit}为方程的随机误差项。

二、中介效应模型

李宏彬(2009)[①]将企业家精神分为企业家创新精神与企业家创业精神。关于企业家创新精神与出口产品多元化方面:Atkeson 和 Burstein(2010)[②]研究发现,企业创新可通过降低生产成本并提高企业生产率来影响企业的出口产品多元化。郝良峰和邱斌(2016)[③]在贸易理论框架的基础上引入创新因素探讨了企业创新与出口边际增长的联系机制,研究发现,创新投入和新产品研发对出口扩展边际的增长具有

[①] 李宏彬、李杏、姚先国等:《企业家的创业与创新精神对中国经济增长的影响》,《经济研究》2009 年第 10 期。

[②] Atkeson A., Burstein A., "Innovation, Firm Dynamics, and International Trade", *Journal of Political Economy*, 2010, Vol.118, No.3, pp.433-484.

[③] 郝良峰、邱斌:《基于同城化与产业同构效应的城市层级体系研究——以长三角城市群为例》,《重庆大学学报(社会科学版)》2016 年第 1 期。

显著的促进作用,创新与生产率的协同作用有利于增加企业的出口扩展边际。马树才和周小琳(2017)[①]发现企业创新有利于企业开发新产品和新市场,提升出口扩展边际。许和连与徐莉(2017)[②]采用倾向得分匹配方法实证分析了创新补贴对企业出口扩展边际的影响,研究发现创新补贴对企业出口二元边际具有正向促进作用,使得企业扩展边际增加21.2%。尽管较少有文献对企业家创业精神与出口产品多元化的关系展开研究,但基于现实表明,新企业的产生并进入市场较大可能性地带来新产品(杨淳、肖广岭,2020)[③],进而促使出口产品种类的增加,促使出口产品多元化水平提升。因此,本章将企业家精神分解为企业家创新精神和企业家创业精神,检验环境规制影响出口产品多元化的中介机制。

我们借鉴王丽等(2020)[④]的做法,通过中介效应模型对企业家精神变量进行实证分析,验证环境规制与企业家精神之间的关系以及企业家精神与出口产品多元化的关系。本章设定的中介效应模型(9-2)、(9-3)和(9-4)如下所示:

$$Dif_{jkit} = \alpha_1 + \beta_1 EV_{jt} + \beta_2 EV_{jt}^2 + \varphi_1 X_{jit} + \delta_1 + \delta_2 + \varepsilon_{jkit} \quad (9-2)$$

$$EN_{jt} = \alpha_2 + \gamma_1 EV_{jt} + \gamma_2 EV_{jt}^2 + \varphi_2 X_{jit} + \delta_1 + \delta_2 + \varepsilon_{jkit} \quad (9-3)$$

[①] 马树才、周小琳:《中国商品出口二元边际均衡发展研究——引入要素禀赋理论的思考》,《亚太经济》2017年第5期。

[②] 许和连、徐莉、王海成:《创新补贴影响企业出口二元边际研究》,《湖南大学学报(社会科学版)》2017年第2期。

[③] 杨淳、肖广岭、杜劭君:《初始条件与新创科技企业生存》,《科研管理》2020年第10期。

[④] 王丽、张岩、高国伦:《环境规制、技术创新与碳生产率》,《干旱区资源与环境》2020年第3期。

$$Dif_{jkit} = \alpha_3 + \tilde{\beta}_1 EV_{jt} + \tilde{\beta}_2 EV^2_{jt} + \sigma_1 EN_{jt} + \varphi_3 X_{jit} + \delta_1 + \delta_2 + \varepsilon_{jkit}$$
（9-4）

模型(9-2)为基准模型,与模型(9-1)无区别。模型(9-3)中的 EN_{jt} 代表着企业家精神,γ_1、γ_2 为环境规制影响企业家精神的估计系数。模型(9-4)中为以环境规制、企业家精神作为解释变量、出口产品多元化作为被解释变量的方程,其中 σ_1 反映企业家精神对出口产品多元化的影响效应,$\tilde{\beta}_1$、$\tilde{\beta}_2$ 反映了剥离企业家精神后环境规制的影响效应。通过检验模型(9-2)中 β_1 的显著性,可知环境规制是否对出口产品多元化产生影响。当 β_1 显著时,再检验模型(9-3)中 γ_1 的显著性,最后检验模型(9-4)中 $\tilde{\beta}_1$ 是否显著,若 $\tilde{\beta}_1$ 显著且估计值小于 β_1 时,则说明企业家精神为部分中介变量,若 $\tilde{\beta}$ 不显著,则企业家精神为完全中介变量。

三、变量选取

本章从环境污染治理投资角度出发,构建环境规制强度指数,即采用各省治污投入占各省 GDP 比重与全国治污投入占全国 GDP 比重的比值,计算出环境规制强度的均值,以此作为该地区最终环境规制强度 EV 值。出口产品多元化通过构建第三章中提及的赫芬达尔型指数来衡量。鉴于企业家精神可能是环境规制影响出口产品多元化的影响渠道,因此在企业家精神（EN）方面,采用各省份民营企业户数与总人口比值来衡量企业家创业精神（$ENET$）,采用 R&D 经费投入强度来衡量企业家创新精神（$ENIT$）,其中 R&D 经费投入强度为 R&D 经费投入与 GDP 的比值。

为减少因遗漏变量带来的回归误差,确保回归结果的有效性,本章借鉴相关文献研究的有益经验,在回归模型中加入如下控制变量:(1)企业生产规模($size$),因为规模大的企业有更广的产品范围(Feenstra 等,2007)[1],我们采用企业总资产的对数来衡量。(2)融资约束($leverage$),Jarreau 和 Poncet(2014)[2]研究发现企业的融资约束影响企业的出口结构,为了控制融资约束对出口产品多元化的影响。我们采用企业负债与资产比值来衡量融资约束情况。

四、数据处理

构建出口产品多元指数所需要的数据来源于两大数据库:中国海关贸易数据库和中国工业企业数据库。首先,我们借鉴聂辉华等(2012)[3]的方法,将中国海关数据库中企业按企业代码和企业名称分别进行两次分组,考察同一名称组下的企业是否分属不同的代码组,随后采用交叉匹配法整理出每个企业的多年数据。根据企业的出口交货值指标判断是否为出口贸易企业,进一步剔除不进行出口贸易的企业。其次,本章以工业企业数据库中的企业名称、邮编、电话等信息为基础,采用关键词数据库搜寻匹配方法对海关贸易数据库进行匹配,时间跨

---

[1] Feenstra R.C., Li Z., Yu M., "Exports and Credit Constraints Under Incomplete Information: Theory and Evidence from China", *NBER Working Papers*, 2011, Vol.96, No.4, pp.729-744.

[2] Jarreau J., Poncet S., "Credit Constraints, Firm Ownership and the Structure of Exports in China", *International Economics*, 2014, Vol.139, pp.152-173.

[3] 聂辉华、谭松涛、王宇锋:《创新、企业规模和市场竞争:基于中国企业层面的面板数据分析》,《世界经济》2008 年第 7 期。

度为 2000—2007 年。各省份污染投资治理额与排污税费均来自《中国环境年鉴》，30 个省份 8 年间 GDP 来自《中国统计年鉴》，R&D 经费投入和民营企业户数等数据来自于《中经网统计数据库》和《中国统计年鉴》。具体变量信息如表 9-1 所示。

表 9-1 变量定义

变量符号	具体定义	数据获取说明	均值	标准差
Dif_{jkit}	企业层面的出口产品多元化指数		0.328	0.219
EV_{jt}	环境规制强度	投资角度构建环境规制指数	0.248	0.362
EV^2_{jt}	环境规制强度二次方		0.907	0.906
EN_{jt}	企业家精神			
$ENIT_{jt}$	企业家创新精神	R&D 经费投入强度	−3.065	0.104
$ENET_{jt}$	企业家创业精神	民营企业户数/总人口	−3.407	0.508
$SIZE_{jkit}$	企业生产规模	企业总资产的对数	11.209	1.551
$LEVERAGE_{jkit}$	融资约束	企业负债与资产比值	0.012	0.202

第二节 环境规制对中国出口产品多元化的效应分析及其企业差异

一、基准回归

基准回归结果如表 9-2 所示：将企业的出口产品多元化指数作为

被解释变量。第(1)列只控制企业固定效应与年份固定效应。解释变量 EV 的估计系数显著为负,EV^2 估计系数显著为正,表明环境规制对出口产品多元化的影响呈现出先抑制后促进的"U"形特征,这与张胜满和张继栋(2016)①关于环境规制影响扩展边际的研究结论一致,亦在一定程度上说明出口产品多元化水平能反映出口扩展边际变化情况。具体分析可知,在实施环境规制政策前期,环境规制导致企业成本增加,企业在有限资源且追求利润最大化的情况下,会令出口重心向核心出口产品倾斜,进而导致产品多元化的降低,这与杜威剑和李梦洁(2017)②关于环境规制影响出口产品范围的研究结论基本一致。但随着环境规制强度逐渐提高,企业出口产品种类却有所增加,最终使环境规制与出口产品多元化的关系呈现出"U"形特征。第(2)列加入了企业的控制变量,EV 的估计系数依然显著为负,EV^2 系数为正,说明环境规制对企业出口产品多元化的影响依旧呈现"U"形特征。并且,将(1)、(2)两列回归结果对比发现,(2)列中估计系数对应的 t 统计量比(1)中的更大,因此说明加入了控制变量的回归结果更加显著。此外,相对(1)列而言,(2)列中无论是 EV 还是 EV^2,对应的系数估计值的绝对值更小,且企业生产规模与融资约束对应的系数估计值分别为:0.121、−0.204,在5%的检验水平下,估计系数显著,由此说明企业生产规模对出口产品多元化产生正向影响,融资约束对出口产品多元化产生负向影响。

---

① 张胜满、张继栋:《产品内分工视角下环境规制对出口二元边际的影响——基于两步系统 GMM 动态估计方法的研究》,《世界经济研究》2016 年第 1 期。
② 杜威剑、李梦洁:《反倾销对多产品企业出口绩效的影响》,《世界经济研究》2018 年第 9 期。

表 9-2 基准模型回归结果

变量名称	出口产品多元化	
	（1）	（2）
EV_{jt}	-0.032** (1.206)	-0.041** (1.720)
EV^2_{jt}	0.019** (3.315)	0.002** (5.230)
企业生产规模		0.121** (19.809)
融资约束		-0.204** (2.057)
企业固定效应	控制	控制
年份固定效应	控制	控制
观测值	1376091	1376091
R^2	0.321	0.309

注：***、** 和 * 分别表示在1%、5%和10%的显著性水平下显著；括号中数值为 t 统计量。

二、异质性分析

1. 企业所在地区

企业的发展会受到地区政府政策、制度环境、经济发展水平等因素的影响。比如由于地区的发展水平和引进人才政策的差异，人才倾向于流入东部发达地区，尤其是北京，上海等地。因此我们参照王小鲁和樊纲（2004）[①]的做法，将总体样本划分为东部、中部和西部地区。将各子样本代入模型（1）进行回归估计。表 9-3 中的（1）、（2）、（3）列分别

---

① 王小鲁、樊纲：《中国地区差距的变动趋势和影响因素》，《经济研究》2004年第1期。

报告了东、中、西部三地区的估计结果。根据回归结果可知,各地区环境规制与企业产品出口多元化之间大体上呈"U"形关系,东部地区环境规制影响效应最强,中部地方次之,西部地区最差。具体表现为东部、中部、西部地区的EV^2估计系数分别为:0.209、0.109及0.009。其中东部地区企业受到环境规制影响最强,可能是因为其得天独厚的沿海优势,令出口企业大部分集中在东部,环境规制政策也因此受到更多重视,具体实施情况也会更加高效和完善(邝嫦娥等,2017)[①],进而导致环境规制对东部企业出口多元化的影响亦更加显著。

表 9-3 分地区检验结果

变量名称	东部地区 (1)	中部地区 (2)	西部地区 (3)
EV_{jt}	-0.025** (3.311)	-0.010* (7.022)	-0.008** (-5.608)
EV^2_{jt}	0.209* (3.350)	0.109* (11.905)	0.009** (9.600)
企业生产规模	0.013* (15.721)	0.009** (10.551)	0.014** (2.409)
融资约束	-0.009** (4.615)	-0.102*** (5.835)	-0.021 (4.540)
企业固定效应	控制	控制	控制
年份固定效应	控制	控制	控制
观测值	1378091	1478091	1078091
R^2	0.503	0.703	0.512

注:***、**和*分别表示在1%、5%和10%的显著性水平下显著;括号中数值为 t 统计量。

---

① 邝嫦娥、田银华、李昊匡:《环境规制的污染减排效应研究——基于面板门槛模型的检验》,《世界经济文汇》2017年第3期。

2. 企业所在行业

环境规制对不同行业企业的影响效应亦存在差异,杜威剑和李梦洁(2018)[①]研究发现,环境规制会促使出口污染行业流向清洁行业,在加剧清洁行业竞争的同时也会导致清洁行业企业的出口产品种类增加。为进一步验证以上结论,我们借鉴何兴邦(2020)[②]的做法,将行业分为污染行业和清洁行业,具体区分方法为:根据《中国工业经济统计年鉴》行业分类,测算出各个行业的污染排放强度,再找出所有行业污染排放强度的中位数水平,污染强度高于中位数水平则被归为重污染行业,反之则为清洁行业。将各子样本代入模型(1)中,得到的回归估计结果如表9-4所示。

其中(1)列报告了清洁行业的估计结果。清洁行业的 EV 估计系数为-0.216,且 EV^2 估计系数为0.211,环境规制对清洁行业出口产品多元化的影响呈现出典型的"U"形特征,说明,在环境规制强度较弱时期,环境规制对出口产品多元化产生负向影响,但在环境规制强度逐步提高后,清洁行业出口产品多元化程度也逐步提高。可能原因如下:在环境规制强度较弱时期,由于污染行业企业逐渐流向清洁行业(余东华、孙婷,2017)[③],致使清洁企业面临激励竞争,因此集中出口更具有竞争力核心产品(Mayer等,2016)[④],进而使得出口产品种类缩小。待

---

① 杜威剑、李梦洁:《反倾销对多产品企业出口绩效的影响》,《世界经济研究》2018年第9期。
② 何兴邦:《异质型环境规制与中国经济增长质量——行政命令与市场手段孰优孰劣?》,《商业研究》2020年第9期。
③ 余东华、孙婷:《环境规制、技能溢价与制造业国际竞争力》,《中国工业经济》2017年第5期。
④ Mayer T., Melitz M., Ottaviano G., "Market Size, Competition, and the Product Mix of Exporters", *CEP Discussion Papers*, 2012, Vol.104, No.2, pp.495-536.

环境规制强度逐步提升后,越来越多的污染企业转向清洁企业,清洁企业数目增加,进而导致出口产品多元化更大程度提升。

(2)列为污染行业的估计结果,污染行业出口产品多元化受到环境规制影响的情况为:环境规制系数为-0.011,环境规制平方项系数为0.002,且平方项系数估计值在10%的检验水平下不显著,由此说明环境规制与出口产品多元化呈现出线性关系,与前文实证结论存在差异,说明环境规制强度对污染行业企业出口产品多元化具有明显的负向作用,环境规制的实施确实在一定程度上削弱了污染行业企业的出口竞争力,进而导致污染行业企业的淘汰或转型。同时,从政府目的角度来看,使用环境投资作为环境规制政策的具体实施方案确实能在某些方面达到改善环境问题的目的。

表9-4 分行业检验结果

变量名称	清洁行业	污染行业
	(1)	(2)
EV_{jt}	-0.216** (2.017)	-0.011** (-2.322)
EV_{jt}^2	0.211* (2.891)	0.002 (8.839)
企业生产规模	0.018** (1.461)	0.205* (10.849)
融资约束	-0.012** (6.715)	-0.029** (12.445)
企业固定效应	控制	控制
年份固定效应	控制	控制
观测值	1342902	1842902
R^2	0.789	0.831

注:***、**和*分别表示在1%、5%和10%的显著性水平下显著;括号中数值为t统计量。

三、稳健性检验

为了保证研究结论的稳健性,我们通过替换解释变量、替换被解释变量、替换控制变量和剔除国有企业等方法来对其稳定性进行检验,具体检验方式和结果如下所示。

1. 更换解释变量

我们借鉴孙英杰和林春(2018)[①]的做法,采用排污税费作为环境规制的替代变量来验证以上结论的稳健性,回归结果如表8-6的(1)列所示,环境规制及其平方项估计系数分别为-0.253、0.024,说明环境规制对出口产品多元化的影响依旧呈"U"形关系,且估计系数依旧显著,一定程度上说明实证研究结果是非常稳健的。

2. 更换被解释变量

我们用出口产品范围($range_{it}$)来衡量出口产品多元化。其中出口产品范围采用企业i出口产品种类衡量,依据中国海关数据库中HS8分位国际编码计算得到,上述新的被解释变量代入基准模型(1),具体回归结果如表9-6中的(2)所示。其中环境规制及其平方项系数分别为:-0.194、0.115,在10%的检验水平下显著。由此可以说明更换被解释变量后其检验结果依然稳健。

3. 更换企业控制变量

企业资本密集度影响企业出口能力,进而对出口产品多元化产生影响,并且企业生产率是影响企业出口产品范围的主要因素之一。出

---

① 孙英杰、林春:《试论环境规制与中国经济增长质量提升——基于环境库兹涅茨倒"U"形曲线》,《上海经济研究》2018年第3期。

于稳健性考虑,我们采用企业资本密集度(capital)和企业生产率(productivity)作为企业新的控制变量。对于资本密集度,我们采用固定资本平均余额与企业就业人数的比值表示。对于企业生产率,参照Levinsohn和Petrin(2003)①的做法,采用LP方法测度企业层面的全要素生产率。将上述新的控制变量重新加入基准模型(1),具体回归结果如表9-6的(3)所示,环境规制、环境规制平方项系数依旧显著,系数大小稍有变化。

4. 剔除国有企业

国有企业与民营企业相比,其在社会中的经济功能、运作机制和效应目标等方面存在差异(蒋殿春、张宇,2008)②。此外,由于民营企业数量占总体样本的90%,因此国有企业作为特殊样本予以剔除。表9-6中的第(4)列表示剔除国有企业后的回归估计结果。环境规制及其平方项估计系数分别为-0.114、0.009。虽然环境规制平方项系数略接近于0,但大体上环境规制对出口产品多元化的影响依旧呈现出先降后升的"U"形特征。

表9-5 稳健性检验

变量名称	环境规制变量替换	出口产品多元化变量替换	企业控制变量替换	剔除国有企业
	(1)	(2)	(3)	(4)
EV_{jt}	-0.253** (5.215)	-0.194* (7.126)	-0.021** (2.537)	-0.114*** (7.212)

---

① Levinsohn J.A., Petrin A., "Estimating Production Functions Using Inputs to Control for Unobservables", *Social Science Electronic Publishing*, 2003, Vol.70, No.2, pp.317-341.

② 张宇、蒋殿春:《FDI、产业集聚与产业技术进步——基于中国制造行业数据的实证检验》,《财经研究》2008年第1期。

续表

变量名称	环境规制变量替换	出口产品多元化变量替换	企业控制变量替换	剔除国有企业
	(1)	(2)	(3)	(4)
EV^2_{jt}	0.024** (9.921)	0.115** (1.053)	0.111* (1.770)	0.009** (3.381)
企业控制变量	控制	控制		控制
新企业控制变量			控制	
企业固定效应	控制	控制	控制	控制
年份固定效应	控制	控制	控制	控制
观测值	1342091	1342091	1342091	1342091
R^2	0.801	0.702	0.721	0.734

注：***、**和*分别表示在1%、5%和10%的显著性水平下显著；括号中数值为t统计量。

第三节 环境规制对中国出口产品多元化的机制分析——基于企业家精神视角

表9-5报告了环境规制与出口产品多元化的影响机制检验结果，第(1)列是对模型(9-3)亦是基准模型的估计结果，第(2)、(3)列是对模型(9-4)即检验环境规制对企业家精神是否会产生影响的模型的估计结果，其中(2)为企业家创新精神，(3)为企业家创业精神。第(4)列是对模型(9-5)即检验环境规制是否通过企业家精神这一中介机制影响出口产品多元化的模型的估计结果。根据表9-5第(1)列估计结果可知，环境规制对出口产品多元化呈现出先抑制后促进的"U"形特征，这在上述的基准模型回归分析中已经提及。根据第(2)、(3)列估计结

果可知,环境规制对企业家精神存在同样的影响效应,对企业家精神的影响呈现出先抑制后促进的"U"形特征,这与马卫东(2020)[①]所得到的结论基本一致,再根据第(4)列的估计结果可知,ENIT(企业家创新精神)、ENET(企业家创业精神)的估计系数分别为:0.108、0.012,说明企业家精神可以促进企业出口产品多元化的提升,这或许是因为:一方面,环境规制可以激发出企业家创新精神,进而促进企业新产品的研发,进而扩大出口产品范围(贾新华、董保宝,2020)[②]。另一方面,环境规制可能会引导民营企业朝着清洁行业方面创业,新企业的诞生促使新产品的产生(杨汝岱、李艳,2016)[③]。将第(4)与第(1)列对比可知,加入企业家精神后,环境规制对应的估计系数显著降低,具体表现为 EV_{jt}^2 的估计系数由 0.119 降为 0.083,系数估计结果表明企业家精神可能是环境规制影响企业出口多元化的渠道,且由于估计系数 $\tilde{\beta}_1$ 较为显著,且系数 $\tilde{\beta}_1$ 相对 β_1 而言有所下降,因此说明企业家精神发挥部分中介作用。

表 9-6 渠道检验结果

变量名称	出口产品多元化 (1)	企业家创新精神 (2)	企业家创业精神 (3)	出口产品多元化 (4)
EV_{jt}	−0.312** (4.610)	−1.122** (0.329)	−1.231** (0.523)	−0.001*** (1.179))
EV_{jt}^2	0.119** (0.157)	0.083* (0.869)	0.381** (0.215)	0.083** (0.330)

---

① 马卫东、唐德善、史修松:《环境规制与企业家精神之间的双重红利效应研究——来自中国经验的研究(2000—2017 年)》,《华东经济管理》2020 年第 10 期。

② 贾新华、董保宝:《CEO 权力支配性对组织创新行为的倒"U"形影响》,《税务与经济》2020 年第 2 期。

③ 杨汝岱、李艳:《移民网络与企业出口边界动态演变》,《经济研究》2016 年第 3 期。

续表

变量名称	出口产品多元化（1）	企业家创新精神（2）	企业家创业精神（3）	出口产品多元化（4）
$ENIT_{it}$				0.018** (2.345)
$ENET_{it}$				0.012** (3.516)
企业控制变量	控制	控制	控制	控制
企业固定效应	控制	控制	控制	控制
年份固定效应	控制	控制	控制	控制
观测值	1431092	1431092	1431092	1431092
R^2	0.452	0.521	0.762	0.782

注：***、**和*分别表示在1%、5%和10%的显著性水平下显著；括号中数值为 t 统计量。

第四节 进一步分析：环境规制的空间溢出效应

不同省份政府制定的环境规制政策不同，且各地方政府环境规制政策的制定和实施存在相互模仿行为（李鹏升、陈艳莹，2019）[①]，致使本省企业会受到邻近省份环境规制政策的影响，即环境规制存在空间溢出效应。因此本章构建如下空间杜宾模型进行验证。

$$Dif_{jkit} = \alpha_4 + \partial \sum_{h=1}^{N} W_{jh} Dif_{hkgt} + \tau_1 EV_{jt} + \tau_2 EV_{jt}^2 + \varphi_4 X_{jit} + \theta_1 \sum_{h=1}^{N} W_{jh}$$

$$EV_{ht} + \theta_2 \sum_{h=1}^{N} W_{jh} EV_{ht}^2 + \theta_3 \sum_{h=1}^{N} W_{jh} X_{hgt} + \delta_1 + \delta_2 + \varepsilon_{jkit} \quad (9-5)$$

---

① 李鹏升、陈艳莹：《环境规制、企业议价能力和绿色全要素生产率》，《财贸经济》2019年第11期。

其中 $\sum_{h=1}^{N} W_{jh} Dif_{hkgt}$ 为邻近省份企业出口产品多元化情况，∂ 代表邻近 j 省份 g 企业出口产品多元化情况对 i 企业的影响效应，一定程度上反映邻近企业行为的竞争和模仿效应。$\sum_{h=1}^{N} W_{jh} EV_{jt}$、$\sum_{h=1}^{N} W_{jh} EV_{jt}^2$ 分别为邻近省份的环境规制强度及其平分项。θ_1 和 θ_2 则代表着邻近 h 省份环境规制对 j 省份 k 行业 i 企业的空间溢出效应。δ_1 为企业固定效应，δ_2 为年份固定效应。W_{jh} 是空间权重矩阵第 (j,h) 元素。关于空间权重矩阵的选取：本章同时使用地理相邻和经济相邻两种思路，构造空间权重矩阵作为各地方政府间相邻关系的衡量，以增强实证结果的可信性与稳健性，具体设置方法如下：(1)0—1 型邻接矩阵，即根据地区之间是否直接接壤作为判断依据，当 j 省与 h 省接壤时，$w_{jh}=1$，当 j 省与 h 省不接壤时 $w_{jh}=0$。(2)经济距离矩阵，即利用地区生产总值（GDP）均值之差的绝对值的倒数来计算地区间的相邻关系，即 $w_{jh}=\dfrac{1}{|\overline{GDP}_j-\overline{GDP}_h|}$，$(j\neq h)$，其中 $\overline{GDP}_{j(h)}$ 表示 $j(h)$ 省 2000—2007 年的 GDP。

表 9-7 报告了邻接与经济距离两种空间权重矩阵计算的环境规制空间溢出效应。回归结果发现，模型估计的系数和显著性变化不大，表 9-7 第(1)列采用邻接矩阵估计的回归结果，其中邻近省份环境规制强度对企业出口产品多元化影响情况如下：WEV 的系数为 -0.016，WEV^2 的系数为正但不显著，说明邻近省份环境规制的加强会抑制企业出口产品多元化。得出以上结论或许是因为邻近省份间政府间环境规制政策的制定存在着模仿效应，即某一省份的环境规制行为会"传染"给邻近省份，进而造成对出口产品多元化的抑制。第(2)列采用的是

经济距离矩阵,其中包含空间效应的环境规制及其平方的估计系数为-0.013、0.019,说明某省份所在的企业容易受到与之经济发展水平相似的省份环境规制政策的影响。此外,两种方式下邻近省份出口多元化指数对应的系数分别为:0.014、0.017,一定程度上说明邻近省份出口产品多元化会对本省出口产品多元化产生正向效应,这或许是因为各出口企业间存在着激烈的竞争而迫使企业必须要提升出口产品多元化来保持出口竞争力。

表9-7 空间杜宾模型回归结果

解释变量	出口产品多元化	
	（1）	（2）
	邻接矩阵	经济距离矩阵
$W\,Dif_{jkit}$	0.014* (2.029)	0.017* (4.631)
EV_{jt}	-0.028** (1.932)	-0.211* (3.612)
EV^2_{jt}	0.062** (20.211)	0.058* (0.821)
$W\,EV_{jt}$	-0.016* (0.215)	-0.013* (9.901)
WEV^2_{jt}	0.002 (7.201)	0.019* (2.321)
WX_{jit}	1.023** (7.201)	1.021* (1.232)
企业控制变量	控制	控制
企业固定效应	控制	控制
年份固定效应	控制	控制

注:***、**和*分别表示在1%、5%和10%的显著性水平下显著;括号中数值为 t 统计量。

小　结

出口产品多元化是规避贸易摩擦和突发风险的有效途径,也是实现出口贸易可持续的主要手段。本章利用中国2000—2007年30个省际面板数据,通过构建省际层面的环境规制区位熵指数、企业层面出口产品多元化指数,实证检验环境规制对企业出口产品多元化的影响。结果显示:(1)环境规制对出口产品多元化的影响呈现出"U"形特征。(2)不同地区环境规制对出口产品多元化的影响不同,不同行业受到的同一环境规制的影响亦存在差异。(3)企业家精神是环境规制影响出口产品多元化的中介变量,具体路径主要为环境规制通过企业家创新精神和企业家创业精神来促进出口产品多元化的提升。(4)进一步分析环境规制空间效应可知,企业出口产品多元化亦受到邻近省份环境规制的影响。

本章可能的边际贡献为:基于已有研究,将出口产品多元化与出口产品范围、扩展边际区分开来,探讨环境规制对出口产品多元化的影响,既是对环境规制影响出口产品范围方面研究的扩展,又是对环境规制影响出口扩展边际方面研究的细化。且不同于以往文献偏向于从环境规制的成本效应考虑,本章重点考虑环境规制的创新效应,并探究其是否为环境规制影响出口产品多元化的中介机制。一定程度上丰富微观企业层面的出口产品多元化研究,并且为环境规制与出口贸易研究提供新思路。

第十章　环境规制、企业家精神与出口贸易可持续

本章是针对环境规制对出口贸易可持续发展的实证检验，随着中国经济发展进入新常态，可持续发展议题成为讨论的重点，出口贸易可持续发展也是该议题的重要组成部分。为了更准确地考察研究环境规制对出口贸易可持续发展的影响，本章与前几章的实证方法有所不同：对环境规制进行具体细分，聚焦于环境规制中的源头污染治理手段，并基于其中最具代表性的清洁生产标准展开研究。具体地，将中国集中对不同行业施行清洁生产标准视为一项"准自然实验"，弱化环境规制与出口贸易之间的反向因果关系，利用微观企业数据进行实证检验，为中国出口贸易模式转型和制定合理环境政策提供理论指导，具有重要的现实意义。

第一节　双重差分模型构建

一、双重差分模型

面对日益严峻的环境问题，原国家环境保护总局自 2003 年起陆续

在部分行业实施清洁生产标准,总计56项,反映了我国政府环境污染治理思路的转变。具体地,2003—2007年共实施清洁生产标准25项,而2008—2010年实施的大多是对以往标准的补充和完善(韩超、胡浩然,2015)①。以钢铁行业为例,2006年政府实施了编号为HJ/T189-2006的清洁生产标准,在之后的三年时间里又补充了5项,我们将这类现象视为政策的延续。因此,我们设定清洁生产标准实施的时间为2003—2007年,具体实施时间点分为2003年6月、2006年10月、2006年12月、2007年2月、2007年7月及2007年10月。在《清洁生产标准》中仅说明标准适用的业务范围,并没有明确所涉及行业的代码。为此,我们依据2002年版《国民经济行业分类》,将各项清洁生产标准"适用性范围"所对应的行业进行代码匹配。对于仍然无法确定的行业代码,则借鉴龙小宁和万威(2017)②的方法,利用中国工业企业数据库中提供的企业主营业务信息进行确认和匹配。最终得到清洁生产标准涉及的行业信息,如表10-1所示。

本章所采用的企业层面数据大多来源于中国工业企业数据库③,由于该数据库2008年之后的数据存在变量大小异常、变量定义模糊、测量误差明显等问题(Laporte和Windmeijer,2005)④,因此我们选取

---

① 韩超、胡浩然:《清洁生产标准规制如何动态影响全要素生产率——剔除其他政策干扰的准自然实验分析》,《中国工业经济》2015年第5期。

② 龙小宁、万威:《环境规制、企业利润率与合规成本规模异质性》,《中国工业经济》2017年第6期。

③ 虽然中国工业企业数据库存在缺陷,但是该数据库样本量巨大,指标覆盖面全,在学术界有非常广泛的应用。结合本章的研究主题来说,该数据库涵盖了不同规模的企业数据,更能综合反映环境规制实施后企业整体出口贸易变化。而另一逐渐被学界选取的上市公司数据库,其样本量相对较小,而且以大型企业为主,不具有普遍代表性,带有严重的选择性偏误,能否以其来反映中国经济运行与发展的一般规律仍有待商榷。

④ Laporte A., Windmeijer F., "Estimation of Panel Data Models with Binary Indicators When Treatment Effects are not Constant over Time", *Economics Letters*, 2005, Vol.88, No.3, pp.389-396.

2000—2007年的数据展开研究。但同时这也带来了一个问题,若将2006—2007年作为政策冲击年则可观测的时间过短,可能会导致结果存在误差。据此,我们将 2003 年作为政策冲击年,利用双重差分法研究源头污染控制对企业出口贸易可持续发展的影响。我们将 2003 年实施清洁生产标准行业中的出口企业设为处理组,未受到政策约束的出口企业设为对照组,通过比较两组企业在政策实施前后出口"性价比"指数的变化,来识别源头污染治理实施对企业出口贸易可持续发展的因果效应。建立基准模型如下:

$$EX_{it} = \alpha_0 + \alpha_1 post_t \times treat_i + \alpha_Z Z + \delta_i + \delta_t + \varphi_{it} \quad (10-1)$$

为了验证基准模型回归结果的稳健性,我们借鉴 Laporte 和 Windmeijer(2005)[1]在模型中加入年份虚拟变量 $year_y$,进行平行趋势检验。具体模型如下:

$$EX_{it} = \beta_0 + \sum_{y=2000}^{2007} \beta_w treat_i \times year_y + \beta_Z Z + \delta_i + \delta_t + \sigma_{it} \quad (10-2)$$

其中,i,t 分别表示企业和年份,EX_{it} 代表 t 年企业 i 的出口"性价比"指数。$post_t$ 表示时间虚拟变量,企业 i 所在行业实施标准年及以后年份为 1,其余年份为 0。具体地,$post_t$ 在 2003 年之前取 0,在 2003 年及之后取 1。$treat_i = 1$ 代表出口企业 i 位于政策约束行业,是处理组,$treat_i = 0$ 代表出口企业 i 未处于政策约束行业,是对照组。α_1 衡量了清洁生产标准的平均处理效应。Z 代表一系列可能会影响企业出口"性价比"的控制变量,包括企业规模、企业成立年数、企业融资约束、政府补贴。δ_i 代表企业固定效应,δ_t 代表年份固定效应,前者用来控制企业

---

[1] Laporte A., Windmeijer F., "Estimation of Panel Data Models with Binary Indicators When Treatment Effects are not Constant over Time", *Economics Letters*, 2005, Vol.88, No.3, pp.389-396.

层面不可观测因素对企业出口贸易可持续发展的影响,后者用来控制共同宏观经济冲击的影响。φ_{it}和σ_{it}都为随机误差项,用以控制对城市贸易可持续发展有影响的但难以捕捉的因素。

表 10-1 清洁生产标准行业信息

序号	清洁生产标准行业名称	实施时间	行业代码
1	石油炼制业	2003年6月	2511
2	炼焦行业	2003年6月	2520
3	制革行业(猪轻革)	2003年6月	1910
4	啤酒制造业	2006年10月	1522
5	食用植物油工业(豆油和豆粕)	2006年10月	1331
6	纺织品(棉印染)	2006年10月	1712
7	甘蔗制糖业	2006年10月	1340
8	电解铝业	2006年10月	3316
9	氮肥制造业	2006年10月	2621
10	钢铁行业	2006年10月	3210、3220、3230
11	基本化学原料制造业(环氧乙烷/乙二醇)	2006年10月	2614、2653
12	汽车制造业(涂装)	2006年12月	3460
13	铁矿采选业	2006年12月	0810
14	电镀行业	2007年2月	3460
15	人造板行业(中密度纤维板)	2007年2月	2022
16	乳制品制造业(纯牛乳及全脂乳品)	2007年2月	1440
17	造纸工业(漂白碱法蔗渣浆生产工艺)	2007年2月	2210
18	钢铁行业(中厚板轧钢)	2007年2月	3230
19	造纸工业(漂白化学烧碱法麦草浆生产工艺)	2007年7月	2210
20	造纸工业(硫酸盐化学木浆生产工艺)	2007年7月	2210
21	镍选矿行业	2007年10月	0913
22	化纤工业(氨纶)	2007年10月	2829

续表

序号	清洁生产标准行业名称	实施时间	行业代码
23	平板玻璃行业	2007年10月	3141
24	电解锰行业	2007年10月	3250
25	彩色显像(示)管生产	2007年10月	4051

二、行业层面检验模型

基准模型的设定是基于2003年清洁生产标准的实施,由于企业层面数据的限制,并未对2006—2007年清洁生产标准的实施进行考察。事实上,2003年实施的清洁生产标准仅为3项,而2006—2007年则集中实施了22项,涉及行业更加广泛。鉴于此,为了保证实证结果的稳健性与时效性,我们利用2004—2018年的制造业海关数据,从行业层面考察2006—2007年实施清洁生产标准对出口贸易可持续发展的影响。为此,将基准模型(10-1)稍加改动得到新模型:

$$EX_{ht} = \rho_0 + \rho_1 post_t \times treat_h + \rho_Z \ln Size_{ht} + \theta_h + \theta_t + \tau_{ht} \quad (10-3)$$

其中,h,t分别表示行业和年份,EX_{ht}代表t年行业h的出口"性价比"指数,由企业出口"性价比"指数加权平均所得。2006—2007年清洁生产标准实施的具体时间点包括:2006年10月、2006年12月、2007年2月、2007年7月及2007年10月。若将2006年与2007年单独设为政策冲击年,则会带来政策连续冲击以及冲击时间过短等问题。因此,我们将2006—2007年的清洁生产标准一律视为于2007年开始具体实施,即$post_t$在2007年之前取0,在2007年及之后取1。$treat_h = 1$代表该行业为受规制行业,是处理组,$treat_h=1$ 代表该行业不受规制,是对照组。ρ_1 衡量了清洁生产标准的平均处理效应。$\ln Size_{ht}$ 为行业出口规模,以行业中包含出口企业数的对数来衡量,是模型(10-3)的控制变量,主要是为了控制不同行业出口集中度的差异对最终结果的影响。θ_h 代表行业固定效应,θ_t 代表年份固定效应,τ_{ht} 为随机误差项。

三、边际动态影响模型

模型(10-1)所得结果反映的是源头污染治理对企业出口贸易可持续发展的净影响,但该影响可能同时包括成本效应和补偿效应,这两种效应的作用效果相反,若只考察平均处理效应,则结论可能会具有误导性,不能明确成本效应和补偿效应的动态变动趋势。鉴于此,我们借鉴韩超和胡浩然(2015)①的方法,构建以下边际动态影响模型:

$$EX_{it} = \gamma_0 + \gamma_1 post_t \times treat_i + \sum_{y=2003}^{2007} \gamma_w post_t \times treat_i \times year_y + \gamma_z Z + \delta_i + \delta_t + \rho_{it} \tag{10-4}$$

其中,$post_t \times treat_i \times year_y$ 表示 y 年的边际影响,即 MU_y。其余变量设置与上文一致。通过观察政策实施后 γ_w 的大小变化,可以得出清洁生产标准对企业出口贸易可持续发展的具体影响。

四、变量选取

本章的核心变量出口贸易可持续利用第三章提及的出口"性价

---

① 韩超、胡浩然:《清洁生产标准规制如何动态影响全要素生产率——剔除其他政策干扰的准自然实验分析》,《中国工业经济》2015 年第 5 期。

比"指数进行衡量。

为减少因遗漏变量带来的回归误差,确保回归结果的有效性,我们借鉴相关文献研究的有益经验,在回归方程中加入如下控制变量:(1)企业规模(lnsize)。以企业雇佣员工数的对数进行衡量。新贸易理论和新新贸易理论都强调了企业规模对企业出口决策的影响,生产规模越大的企业,出口越容易实现(Bernard 和 Jensen,2004)[1],并且会通过提高企业生产效率,进一步强化企业的出口竞争优势(刘志彪、张杰,2009)[2]。预期其系数符号为正。(2)企业成立年数(age)。利用当年年份减去企业成立年份加 1 的方法进行衡量。根据企业生命周期理论,企业成立时间越久,企业投资规模越大、市场经验越丰富、企业品牌效应显现,当企业在出口市场上遭遇冲击时也理应更容易应对。预期其系数符号为正。(3)企业融资约束(finance)。以企业利息支出占总资产的比值进行衡量。融资约束高的企业,生产率水平越低,将不利于其维持出口关系,缩短企业的出口持续时间(李宏兵等,2016)[3]。预期其系数符号为负。(4)政府补贴(subsidy)。以企业补贴收入占主营业务收入的比值进行衡量。政府补贴可视为政府对企业的转移支付,能够降低企业的生产成本,影响企业的出口决策,增强企业的出口竞争力(毛其淋、盛斌,2013)[4]。预期其系数符号为正。

---

[1] Bernard A B,Jensen J B,"Why Some Firms Export",*Review of Economics & Statistics*,2004,Vol.86,No.2,pp.561-569.

[2] 刘志彪、张杰:《我国本土制造业企业出口决定因素的实证分析》,《经济研究》2009年第 8 期。

[3] 李宏兵、蔡宏波、胡翔斌:《融资约束如何影响中国企业的出口持续时间》,《统计研究》2016 年第 6 期。

[4] 毛其淋、盛斌:《贸易自由化、企业异质性与出口动态——来自中国微观企业数据的证据》,《管理世界》2013 年第 3 期。

五、数据处理

本章主要数据来源于清洁生产标准行业目录、中国海关贸易数据库、中国工业企业数据库,时间跨度为 2000—2007 年。首先借鉴施炳展和邵文波(2014)①的方法对中国海关贸易数据库的原始数据进行处理:(1)剔除信息损失样本;(2)剔除单笔贸易交易规模较小样本;(3)剔除贸易中间商样本;(4)仅保留制造业样本数据,并剔除总体样本量小于 100 的产品。其次,对于中国工业企业数据库,我们根据 Brandt 等(2012)②的样本匹配法对原始样本进行匹配,以解决指标缺失、指标异常等问题。此外,1998—2002 年的中国工业企业数据库是依据 1994 年版的国民经济行业进行分类的,2003—2007 年则是依据 2002 年版。因此,我们将 2000—2002 年中国工业企业数据库的相关数据按照 2002 年版国民经济行业分类进行更新。控制变量的原始数据均来源于此。随后,通过企业名称、电话号码等信息将中国海关贸易数据库与中国工业企业数据库进行合并。在此过程中,HS 编码已与国民经济行业分类相匹配,在之后处理 2004—2018 年的行业数据时将继续沿用该匹配结果。最后,根据表 10-1 整理的清洁生产标准行业信息,得到处理组和对照组的相关数据。

---

① 施炳展、邵文波:《中国企业出口产品质量测算及其决定因素——培育出口竞争新优势的微观视角》,《管理世界》2014 年第 9 期。
② Brandt L., Biesebroeck J. V., Zhang Y., "Creative Accounting or Creative Destruction? Firm-level Productivity Growth in Chinese Manufacturing", *Journal of Development Economics*, 2012, Vol.97, No.2, pp.339-351.

第二节 环境规制对中国出口贸易可持续的效应分析及其稳健性检验

一、基准回归

首先对模型(10-1)进行源头污染控制对企业出口贸易可持续发展的实证检验,表10-2报告了估计结果。第(1)列仅考察清洁生产标准对企业出口"性价比"指数的影响,进一步地,在第(2)列中加入各个控制变量进行回归。此外,在清洁生产标准实施期间,有其他相关政策同时实施,则可能会对回归结果造成影响。而在2004—2007年间,政府对部分行业实施了水污染排放标准和大气固定源污染物排放标准。为了回归结果的准确性,我们进一步引入污染物排放标准的虚拟变量:若企业所在的4分位行业实施了以上排放标准则取值为1,否则为0,用来控制污染物排放标准在同时期实施可能会对实证结果产生的影响。结果显示,无论是否有控制变量,是否控制污染物排放标准,$post_i \times treat_i$ 的系数都通过了显著性检验,说明清洁生产标准能够有效促进企业出口"性价比"指数提升,即源头污染控制有助于企业出口贸易可持续发展。

此外,控制变量的估计结果显示,企业规模、企业成立年数、企业融资约束、政府补贴都与企业出口贸易可持续发展密切相关。其中,企业规模与企业出口贸易可持续发展正相关,说明规模越大的企业越能促进企业出口贸易可持续发展,这印证了上文的猜想。一般来说,规模越大的企业,规模经济效应越显著,能够降低生产成本,提升企业利润率,帮助企业抵御风险,提高市场竞争力(龙小宁、万威,2017)①。企业成立年数系数显著为负,和预期不符,这可能是因为企业成立一段时间后,由于企业经营惯性,导致企业出现对市场不敏感,忽略生产模式创新升级等问题,对企业出口贸易可持续发展不利。Baldwin 和 Gu(2003)②利用 1973—1997 年加拿大企业的数据得出,新进入市场的企业比老企业拥有更强的"出口学习效应",在出口市场中适应能力和存活能力更强(叶宁华等,2015)③。企业融资约束的系数显著为负,说明企业受到的融资约束越低,企业出口贸易发展越可持续,这和阳佳余(2012)④的研究结果一致。良好的融资环境不仅能够帮助企业实现出口,而且还能促进企业出口规模扩张,有利于出口贸易可持续发展。政府补贴的系数为负,但并不显著。可能的原因是政府对企业的补贴效率不高,未能成为企业在出口市场上的竞争优势来源(毛其淋、盛斌,2014)⑤。此外,政府在选择补贴对象时,也往往会选择出口能力更强的企业(邵敏、包群,2012)⑥,而往往这些企业的出口优势也并不依赖于政府补贴。

---

① 龙小宁、万威:《环境规制、企业利润率与合规成本规模异质性》,《中国工业经济》2017 年第 6 期。
② Baldwin J.R., Gu W., "Export-Market Participation and Productivity Performance in Canadian Manufacturing", *Canadian Journal of Economics/revue Canadienne Déconomique*, 2003.
③ 叶宁华、包群、张伯伟:《进入、退出与中国企业出口的动态序贯决策》,《世界经济》2015 年第 2 期。
④ 阳佳余:《融资约束与企业出口行为:基于工业企业数据的经验研究》,《经济学(季刊)》2012 年第 4 期。
⑤ 毛其淋、盛斌:《贸易自由化与中国制造业企业出口行为:"入世"是否促进了出口参与?》,《经济学(季刊)》2014 年第 2 期。
⑥ 邵敏、包群:《政府补贴与企业生产率——基于我国工业企业的经验分析》,《中国工业经济》2012 年第 7 期。

表 10-2 基准结果

解释变量	企业出口"性价比"			
	（1）	（2）	（3）	（4）
$post_t \times treat_i$	0.171*** (3.760)	0.131*** (3.665)	0.162** (3.763)	0.128** (2.269)
$lnsize_{it}$		0.476** (2.145)		0.473** (2.339)
age_{it}		-0.021* (-1.872)		-0.021* (-1.882)
$finance_{it}$		-0.262** (-2.116)		-0.263** (-2.322)
$subsidy_{it}$		-0.133 (-1.523)		-0.136 (-1.537)
_cons	3.129** (2.245)	1.387* (1.981)	3.120** (2.244)	1.387* (1.984)
企业固定效应	控制	控制	控制	控制
年份固定效应	控制	控制	控制	控制
污染物排放标准			控制	控制
观测值	1367947	1367947	1178721	1178721
R^2	0.199	0.213	0.201	0.214

注：***、**和*分别表示在1%、5%和10%的显著性水平下显著；括号中数值为 t 统计量。

二、稳健性检验

1."平行趋势"假设检验

使用双重差分法的一种重要前提是样本要符合"平行趋势"假设，明确在政策实施前，处理组和对照组具有相同的趋势。如果政策实施前，两组的出口"性价比"指数变化趋势不同，则无法证明平均处理效应是因为政策实施所导致。为了对此进行检验,我们将模型(10-2)进行回归估计。表10-3的(1)列报告了估计结果,在实施清洁生产标准前,$treat_i \times 2000$、$treat_i \times 2001$、$treat_i \times 2002$ 均未通过显著性检验,说明清洁生产标准实施是具有随机性,处理组和对照组都未发现明显的趋势变动差别。进一步发现,清洁生产标准实施的第一年,对应交叉项 $treat_i \times 2003$ 的系数并不显著,而政策实施后对应的交叉项 $treat_i \times 2004$、$treat_i \times 2005$、$treat_i \times 2006$、$treat_i \times 2007$ 的系数均显著。这些通过显著性检验的交叉项系数由负转正,由小变大,且系数在2007年有较大的提升,这可能是因为受到2006—2007年实施的清洁生产标准的影响。为了检验更加严谨,我们在(2)列中,将2006—2007年受规制的企业样本进行剔除,再次进行回归。最终结果显示,2000—2006年系数显著性以及大小变化和之前实验结果相差不大,但2007年的系数大小相较前一次实验结果来说有所下降,但这并不影响所得结果通过了"平行趋势"假设检验。

2. 随机分组检验

双重差分法还要保证样本分组具有随机性,如果不具备该条件,即便处理组和对照组在政策实施前的变动趋势相同,也无法保证实证结果的准确性。具体到本章的研究主题,由于清洁生产标准实施的对象是污染较为严重的行业,可能具有一定的倾向性,为此,我们将原对照组进行筛选,将污染程度相近行业中的企业样本作为新对照组。清洁生产标准实施的行业是四位数代码,那么我们就将其所在二位数代码的"大"行业中的其余四位数代码的"小"行业作为新对照组企业的样本来源,最终形成新面板数据,用来减小非随机分组问题对回归结果的影响。表10-3的(3)列报告了估计结果,清洁生产标准仍然对企业出口"性价比"指数有显著的促进作用。

3. 安慰剂检验

该检验是为保证政策仅影响处理组,如果对照组同样受到清洁生产标准的影响,那么随机抽取企业作为处理组,其余企业作为对照组时,交叉项 $post_t \times treat_i$ 将不再显著。本章清洁生产标准涉及的企业样本为9215个,借鉴张彩云和吕越(2018)①的方法,从总样本中随机抽取9215个企业作为处理组,其余企业作为对照组,再次进行回归。表10-3 的(4)列报告了估计结果,交叉项 $post_t \times treat_i$ 的系数并不显著,说明所得结论具有稳健性。

表10-3 稳健性检验结果

解释变量	"平行趋势"假设检验		随机分组检验	安慰剂检验
	(1)	(2)	(3)	(4)
$post_t \times treat_i$			0.244*** (3.768)	−0.323 (1.342)
$treat_i \times 2000$	0.013 (1.453)	0.012 (1.460)		
$treat_i \times 2001$	0.007 (1.428)	0.006 (1.448)		
$treat_i \times 2002$	0.010 (1.473)	0.009 (1.496)		
$treat_i \times 2003$	−0.009 (−1.639)	−0.011 (−1.658)		
$treat_i \times 2004$	−0.013* (−1.859)	−0.013** (−2.257)		
$treat_i \times 2005$	0.002** (2.302)	0.002*** (3.337)		

---

① 张彩云、吕越:《绿色生产规制与企业研发创新——影响及机制研究》,《经济管理》2018年第1期。

续表

解释变量	"平行趋势"假设检验		随机分组检验	安慰剂检验
	(1)	(2)	(3)	(4)
$treat_i \times 2006$	0.012* (1.803)	0.011** (2.351)		
$treat_i \times 2007$	0.041* (1.751)	0.028* (1.872)		
$\_cons$	5.328*** (3.794)	5.217*** (3.874)		
控制变量	控制	控制	控制	控制
企业固定效应	控制	控制	控制	控制
年份固定效应	控制	控制	控制	控制
污染物排放标准	控制	控制	控制	控制
剔除2006—2007年受规制企业样本		控制		
观测值	1178721	1068254	1178721	1178721
R^2	0.077	0.094	0.205	0.159

注：***、**和*分别表示在1%、5%和10%的显著性水平下显著；括号中数值为t统计量。

4. 行业层面检验

基准模型的回归是基于2003年清洁生产标准的实施,囿于企业层面数据时间的限制,前文并未对2006—2007年的清洁生产标准进行考察。但该时间段实施的清洁生产标准多达22项,涉及行业更加广泛,对此进行考察有助于确保实证结果的稳健性。因此,我们利用2004—2018年的制造业海关数据,从行业层面考察源头污染控制对出口贸易可持续发展的影响,这不仅在一定程度上保证了实证结果的稳健性,而且同时兼顾到了时效性。进一步地,为了保证实证结果的准确性,我们在基于模型(11-3)进行回归时,将2003年实施清洁生产标准的行业样本剔除,表10-4报告了估计结果。第(1)列是单独考察清洁生产标准对行业出口"性价比"指数的影响,在第(2)列中加入了行业规模进行控制。此外,由于污染物排放标准的实施时间为2004—2007年,同样可能会对本小节的实证结果造成影响,因此在第(3)、(4)列中对此进行控制。首先,从行业层面去考察源头污染控制对出口贸易可持续发展的影响时,无论是否加入控制变量、是否控制污染物排放标准,结论依旧成立,说明清洁生产标准的实施确实能够在一定水平上促进行业出口"性价比"指数提升,即源头污染控制能够促进出口贸易可持续发展。其次,从交叉项的系数大小来看,行业层面的估计结果普遍比企业层面的要大,这可能是因为行业出口"性价比"指数是由企业"性价比"指数加权平均而来,会导致一定的误差,但至少交叉项的系数都在10%的显著性水平下显著为正。再次,行业规模是影响行业出口贸易可持续发展重要变量,行业中出口企业越多,对行业出口贸易越有利,这和许多文献的结论一致,这可能是企业之间形成的市场竞争效应以及企业集聚带来的规模效应所致(王昀、孙晓华,2017;余壮雄、米银霞,2018)[①]。

表10-4 行业层面检验结果

解释变量	行业出口"性价比"			
	(1)	(2)	(3)	(4)
$post_t \times treat_h$	0.242* (1.840)	0.225** (2.403)	0.246* (1.897)	0.223** (2.198)

---

① 余壮雄、米银霞:《地区产业转型中的企业行为与资源错配》,《中国工业经济》2018年第6期;王昀、孙晓华:《政府补贴驱动工业转型升级的作用机理》,《中国工业经济》2017年第10期。

续表

解释变量	行业出口"性价比"			
	（1）	（2）	（3）	（4）
$lnSize_{ht}$		0.784** (2.305)		0.788** (2.312)
_cons	2.529** (2.441)	2.189* (1.842)	2.496** (2.415)	2.342* (1.769)
行业固定效应	控制	控制	控制	控制
年份固定效应	控制	控制	控制	控制
剔除2003年规制受行业	控制	控制	控制	控制
污染物排放标准			控制	控制
观测值	6780	6780	6780	6780
R^2	0.276	0.318	0.280	0.319

注：***、**和*分别表示在1%、5%和10%的显著性水平下显著；括号中数值为 t 统计量。

三、动态边际影响

事实上，以上结果只能反映平均处理效应，源头污染控制带来的成本效应和补偿效应之和，即清洁生产标准对企业出口"性价比"的净效应，不能识别其中成本效应和补偿效应动态变动趋势。前文的平均处理效应显示，清洁生产标准实施后补偿效应超过了成本效应。但这不能回答补偿效应大于成本效应的结果是否一直都是如此？或者相对于成本效应来说，补偿效应一直增大并因此逐渐提升了出口"性价比"指数？抑或是成本效应一直减小并逐渐弱于补偿效应，而使得出口"性价比"指数得到了提升？为此，我们通过建立模型（10-4），考察政策影响的具体动态变化。估计结果如表10-5所示。第（1）列与第（2）列，以及第(3)列与第(4)列的区别都在于有无加入控制变量,但第(3)列与第(4)列还同时剔除了2006—2007年受规制企业的样本。

首先,不论是否加入控制变量、是否剔除2006—2007年受规制企业的样本,交叉项$post_t \times treat_i$都通过了显著性检验,说明源头污染控制确实能够促进企业出口贸易可持续发展。其次,MU_{2004}、MU_{2005}、MU_{2006}、MU_{2007}都至少在10%的显著性水平下显著。具体地,第(1)—(2)列的估计结果表明,清洁生产标准起初降低了企业的出口"性价比"指数,但降低作用逐渐减弱,并逐渐显现为对企业出口"性价比"指数的提升作用。具体来看,2003年清洁生产标准开始实施,对当年企业出口"性价比"指数有抑制作用,但是并不显著。从2004年开始,清洁生产标准对企业出口"性价比"指数的影响显著为负,但在2005—2007年,影响显著为正,说明此时清洁生产标准带来的成本效应被补偿效应超过。但MU_{2007}的回归系数相较于MU_{2006}来说有所减小,这可能是因为2006—2007年又有许多行业实施清洁生产标准,从而对实证结果产生影响。鉴于此,为了更加准确地表现出两种效应的变动趋势,在第(3)—(4)列中,我们将2006—2007年实施清洁生标准行业的企业样本进行剔除。观察估计结果可得,此时MU_{year}的回归系数逐渐增大,由负转正。据此我们可以得到结论:从绝对影响来看,清洁生产标准起初降低了企业的出口"性价比"指数,但这个降低作用在逐渐减小,随后企业的出口"性价比"指数得以逐步提升。从动态边际影响来看,清洁生产标准对企业出口"性价比"指数的边际影响是递增的,呈现"J"形特征,说明清洁生产标准对企业出口"性价比"指数的积极作用在稳步提升。进一步通过观察回归系数的大小变化可以看出,成本效应不会随着政策实施而一直增加,反而呈现一次性特点,补偿效应则是需要时间积累才能逐渐发挥作用,作用效果会越来越大,并于政策实施两年后超过成本效应,在表中则具体表现为 MU_{year} 在 2005 年由负转正。该结果与韩超和胡浩然(2015)[①]基于行业数据所得的结论相类似,但正如 Melitz(2003)[②]等文献所强调的,出口贸易本质上应该是微观企业基于自身利润最大化目标而做出的理性决策,因此基于微观企业数据展开出口主题的相关研究更能反映实际情况。

表 10-5 动态边际影响结果

解释变量	企业出口"性价比"			
	(1)	(2)	(3)	(4)
$post_t \times treat_i$	0.063* (1.897)	0.047* (1.781)	0.074* (1.888)	0.043* (1.796)
MU_{2003}	-0.157 (-1.347)	-0.132 (-1.282)	-0.146 (-1.325)	-0.127 (-1.278)
MU_{2004}	-0.118* (-1.728)	-0.109* (-1.722)	-0.113* (-1.804)	-0.098* (-1.712)
MU_{2005}	0.084** (2.219)	0.067** (2.205)	0.089** (2.236)	0.063** (2.201)
MU_{2006}	0.106** (2.364)	0.100** (2.428)	0.114** (2.330)	0.118** (2.312)
MU_{2007}	0.088* (1.734)	0.076* (1.769)	0.187* (3.302)	0.171* (2.292)
_cons	4.239** (2.475)	3.813* (1.801)	4.020*** (3.239)	3.787* (1.784)
控制变量		控制		控制
企业固定效应	控制	控制	控制	控制

[①] 韩超、胡浩然:《清洁生产标准规制如何动态影响全要素生产率——剔除其他政策干扰的准自然实验分析》,《中国工业经济》2015 年第 5 期。

[②] Melitz M.J.,"The Impact of Trade on Intra-Industry Reallocations and Aggregate Industry Productivity",*Econometrica*,2003,Vol.71,No.6,pp.1695-1725.

续表

解释变量	企业出口"性价比"			
	（1）	（2）	（3）	（4）
年份固定效应	控制	控制	控制	控制
污染物排放标准	控制	控制	控制	控制
剔除2006—2007年受规制企业样本			控制	控制
观测值	1178721	1178721	1068254	1068254
R^2	0.082	0.092	0.084	0.095

注：***、**和*分别表示在1%、5%和10%的显著性水平下显著；括号中数值为t统计量。

第三节 环境规制对中国出口贸易可持续的机制分析——基于企业家精神视角

一、中介效应模型

源头污染控制的治理思路是从根本上减少污染，企业须在生产前便采用能源利用效率更高、污染排放量更少的生产设备和技术，这不仅大大增加了企业的生产成本，而且迫切要求企业进行生产技术创新。政策的实施无疑会对企业家的出口决策造成影响，从而影响企业出口贸易可持续发展。企业家精神作为企业家的内在气质，能够潜移默化地对其决策行为产生影响，因此，我们从企业家精神层面解释源头污染控制对企业出口贸易可持续发展的作用机制。目前学术界对企业家精神的定义众说纷纭，有一被广泛接受的观点是德国学派所主张的，认为企业家精神的核心是企业家创新精神,它能促进创新成果转化为现实生产力,进而提高企业全要素生产率(李政、刘丰硕,2020)①。具体地,创新成果可体现为产品创新和技术创新等方面(顾元媛、沈坤荣,2012)②。结合本章研究主题,源头污染控制令企业生产成本剧增,基于自身利润最大化的目标,企业可能会收缩产品边界和市场边界,减少产品出口种类以降低可能会面临的市场风险(刘斌、王乃嘉,2016)③,即源头污染控制导致企业家创新精神受损,具体表现为打击了企业产品创新。同时,企业基于生产技术亟待升级的压力,企业家创新精神中技术创新受到激励。鉴于此,我们将具体考察企业家精神的核心——企业家创新精神是否为源头污染控制影响企业出口贸易可持续发展的作用渠道。构建中介效应模型如下:

$$EX_{it} = a_0 + a_1 post_t \times treat_i + a_Z Z + \delta_i + \delta_t + \varphi_{it} \qquad (10-5)$$

$$technology_{it} = b_0 + b_1 post_t \times treat_i + b_Z Z + \delta_i + \delta_t + \delta_{it} \qquad (10-6)$$

$$product_{it} = c_0 + c_1 post_t \times treat_i + c_Z Z + \delta_i + \delta_t + \mu_{it} \qquad (10-7)$$

$$EX_{it} = d_0 + d_1 post_t \times treat_i + d_2 technology_{it} + d_3 product_{it} +$$
$$d_Z Z + \delta_i + \delta_t + \rho_{it} \qquad (10-8)$$

其中,i、t 表示企业和年份,$technology_{it}$ 和 $product_{it}$ 为模型的中介变量,分别代表企业家创新精神中的技术创新和产品创新④。其中,企业家技术创新精神用企业当年中间品投入费用比上一年企业中间品投

---

① 李政、刘丰硕:《企业家精神提升城市全要素生产率了吗?》,《经济评论》2020 年第 1 期。

② 顾元媛、沈坤荣:《地方官员创新精神与地区创新——基于长三角珠三角地级市的经验证据》,《金融研究》2012 年第 11 期。

③ 刘斌、王乃嘉:《房价上涨挤压了我国企业的出口能量吗?》,《财经研究》2016 年第 5 期。

④ 下文分别采用企业家技术创新精神和企业家产品创新精神进行表示。

入费用的比值表示,中间品投入反映了生产过程的迂回度,中间品投入越多,对技术水平的要求越高(杨飞,2017)[①],这侧重于反映企业在生产过程中的创新。企业家产品创新精神用企业当年出口产品种类数比上一年企业出口产品种类数的比值表示,主要反映企业出口的产品边界。模型(10-5)是总效应模型(与基准模型设定一致),模型(10-6)、(10-7)是中介机制模型,模型(10-8)是直接效应模型。四个模型的控制变量和固定效应均与前文一致。当 a_1、b_1、c_1、d_2、d_3 显著而 d_1 不显著时,说明企业家精神是中介变量,存在完全中介效应;当 a_1、b_1、c_1、d_1、d_2、d_3 全部显著且 $d_1 < a_1$,说明企业家精神是中介变量,但仅存在部分中介效应;当 a_1 显著而 b_1、c_1 不显著时,说明企业家精神不是中介变量。

二、中介效应检验

基于模型(10-5)—(10-8),从企业家精神层面检验源头污染控制对企业出口贸易可持续发展的作用机制,表9-6报告了估计结果。第(1)列是对模型(10-5)的估计结果,和基准估计结果一致。第(2)、(3)列分别报告了模型(10-6)、(10-7)的估计结果。第(4)、(5)列表示分别加入企业家技术创新精神和企业家产品创新精神后源头污染控制对企业出口贸易可持续发展的影响。第(6)列是对模型(11-8)的估计,表示当两个中介变量都加入到模型后源头污染控制对企业出口贸易可持续发展的影响。

---

① 杨飞:《市场化、技能偏向性技术进步与技能溢价》,《世界经济》2017年第2期。

第(2)列的估计结果显示,源头污染控制显著增加了企业的中间品投入费用,说明企业家技术创新精神得到激励,令企业生产技术得到创新进步。一般来说,企业在严格环境规制之下,会面临更换设备和更新技术两种选择。高翔和袁凯华(2020)①的研究结果显示,企业会更倾向于选择更换设备而非技术创新。但所得的估计结果表明,源头污染控制会令企业更加侧重于生产技术创新。第(3)列的估计结果显示,源头污染控制会收紧企业的出口产品范围,这意味着企业家产品创新精神受挫,这可能是因为源头污染控制带来的成本效应,致使企业为了减少所面临的市场风险而进行产品转换行为(韩超、桑瑞聪,2018)②。随后将企业家技术创新精神和企业家产品创新精神单独加到基准模型中,即表10-6中第(4)、(5)列估计结果。结果显示,企业家技术创新精神和企业家产品创新精神都通过了显著性检验,并且都能使交互项 $post_t \times treat_i$ 的系数有所变小,说明企业家技术创新精神和企业家产品创新精神是源头污染控制影响企业出口贸易可持续发展的中介变量。进一步地,将两个变量同时加入基准模型中,即表10-6第(6)列的估计结果。首先,企业家技术创新精神显著为正,企业家产品创新精神显著为负。其次,交叉项 $post_t \times treat_i$ 的估计系数相较于基准模型来说,虽然显著性和大小都有所下降,但仍通过了显著性检验。以上结果说明企业家技术创新精神和企业家产品创新精神的中介效应显著,但仅存在部分中介效应,意味着从企业家精神层面解释源头污染控制对企业出口贸易可持续发展的影响是可行的,具体表现为源头污染

---

① 高翔、袁凯华:《清洁生产环境规制与企业出口技术复杂度——微观证据与影响机制》,《国际贸易问题》2020年第2期。

② 韩超、桑瑞聪:《环境规制约束下的企业产品转换与产品质量提升》,《中国工业经济》2018年第2期。

控制通过激励企业家技术创新精神,挫伤企业家产品创新精神影响企业出口贸易可持续发展。

表 10-6 中介效应检验结果

解释变量	企业出口"性价比"	企业技术创新精神	企业产品创新精神	企业出口"性价比"		
	(1)	(2)	(3)	(4)	(5)	(6)
$post_t \times treat_i$	0.128** (2.269)	0.443*** (3.362)	−0.324** (−2.258)	0.082** (2.347)	0.216*** (3.325)	0.075* (1.832)
$technology_{it}$				0.386** (2.488)		0.168** (2.251)
$product_{it}$					−0.042* (−1.824)	−0.026* (−1.829)
$\_cons$	1.387* (1.984)	0.371** (2.411)	1.938 (1.650)	0.032*** (3.304)	3.552*** (3.899)	1.772 (1.412)
控制变量	控制	控制	控制	控制	控制	控制
企业固定效应	控制	控制	控制	控制	控制	控制
年份固定效应	控制	控制	控制	控制	控制	控制
污染物排放标准	控制	控制	控制	控制	控制	控制
观测值	1178721	1134216	1178721	1134216	1178721	1134216
R^2	0.214	0.400	0.135	0.475	0.387	0.493

注:***、**和*分别表示在1%、5%和10%的显著性水平下显著;括号中数值为 t 统计量。

第四节 环境规制的实际执行问题

一、政策实际执行的时滞性与不同步性

政府于规定时间下发源头污染治理政策文件,但相关企业实际执

行时却很有可能存在时滞,并且不同企业执行的具体时间也往往并不同步。前文基于企业层面数据展开研究时,实际上默认了相关企业同时在规定时间里执行清洁生产标准,即忽略了企业实际执行政策的时滞性与不同步性,这明显与实际情况不符。然而若要辨别每个相关企业实际执行政策的具体时间,则是一项艰难且浩大的工程,因此本章不得不牺牲这方面的严谨性。但我们注意到,若将研究数据拔高至行业层面时,相关企业实际执行政策的时间就会被模糊,那么此时政策实际执行的时滞性和不同步性将会被大大降低,实证结果也许会更接近真实情况。因此,为了实证更加严谨,本节同样将2003年作为政策冲击年,利用2000—2007年的行业数据研究源头污染治理对出口贸易可持续发展的影响。

需要说明的是,本节与前文行业层面的检验不同,前文是为了不遗漏2006—2007年实施的清洁生产标准对出口"性价比"指数的影响,因此利用2004—2018年的行业数据展开研究,此举可以兼顾实证结果的稳健性与时效性。而本节行业层面的检验是为了降低政策实际执行的时滞性,以及不同企业具体执行时间的不同步对实证结果的影响。在进行回归时,为了保证实证结果的准确性,本节参照前文的做法将2006—2007年受规制的行业样本剔除。此外,由于污染物排放标准的实施时间是2004—2007年,同样也在考察的时间跨度内,因此也对此进行了控制。表10-7报告了估计结果。

首先,观察4列数据可得,无论是否加入行业规模变量、是否控制污染物排放标准,源头污染治理都能促进行业出口贸易可持续发展,一定程度上说明本章的基本结论是稳健的。其次,本节的研究实际上是为了对前文基准模型的实证结果进行补充,因此需要将两部分内容进行对比分析。通过对比可知,相比于企业层面数据所得的交叉项系数,行业层面的普遍偏大。这有可能是因为前文曾提到的,行业的出口"性价比"指数是由企业的出口"性价比"指数加权平均得到,会导致一定的误差。但结合以上的分析,我们认为也有可能是因为,企业在实际执行政策时,普遍存在的时滞性和不同步性会削弱源头污染治理对企业出口贸易可持续发展的积极作用。而当研究层面转变为行业层面时,时滞性与不同步性得以降低,从而能够更加有效地发挥出源头污染治理的积极作用。那么,这就意味着如果政府能缩短清洁生产标准政策出台到企业实际执行的时间,提高相关企业执行政策的同步性,就有可能更大程度地激发出该政策对出口贸易可持续发展的促进作用。而这就需要政府加强环境监督力度,提高环境规制的行政效率,减少监管过程中的信息不对称、腐败等"政府失灵"现象。这实际上也与许多学者的结论不谋而合。

表 10-7 政策实际执行的时滞性与不同步性研究

解释变量	行业出口"性价比"			
	(1)	(2)	(3)	(4)
$post_i \times treat_h$	0.228** (2.237)	0.213** (2.354)	0.229** (2.247)	0.211** (2.226)
$lnSize_{ht}$		0.880** (2.441)		0.882** (2.457)
_cons	1.248* (1.713)	1.009 (1.675)	1.226* (1.716)	1.197 (1.638)
行业固定效应	控制	控制	控制	控制
年份固定效应	控制	控制	控制	控制
剔除 2006—2007 年受规制行业	控制	控制	控制	控制

续表

解释变量	行业出口"性价比"			
	（1）	（2）	（3）	（4）
污染物排放标准			控制	控制
观测值	3512	3512	3512	3512
R^2	0.201	0.289	0.238	0.294

注：***、**和*分别表示在1%、5%和10%的显著性水平下显著；括号中数值为t统计量。

二、政策要求的实际执行程度

政府下发源头污染治理政策后，相关企业对政策要求的实际执行程度同样存在差异。这一方面是因为不同企业本身的自觉性存在高低，另一方面是因为不同企业所受的环境监管力度不同。企业对政策实际执行的程度会影响该政策的最终效果，从而有可能会对本章的基本结论造成影响。但在前文的研究中，我们默认相关企业会完全执行政策要求，这其实并不严谨。鉴于此，本节将对该问题进行具体探讨。由于缺少直接反映企业自觉性以及企业所受环境监管力度的指标，因此，我们依据企业规模、企业所有制进行样本划分，利用企业特点侧面反映出企业的自觉性或所受的环境监管力度。最终目的是为了探究相关企业对政策实际执行的程度，是否会影响源头污染治理与出口贸易可持续发展的关系。

1. 企业规模

清洁生产标准要求企业在生产前便具备低污染、低能耗的技术设备，这无疑会大大增加企业的生产成本，但那些规模更大的企业可以通过车间共享的形式对成本进行分摊(龙小宁、万威,2017)①,因此这些企业平均生产成本增加得并不多(高翔、袁凯华,2020)②。那么,这是否意味着规模更大的企业更有能力去负担政策带来的成本问题,因此能更自觉地履行政策要求。此外,规模更大的企业也更易受到环境监管,同样也能敦促企业加深对清洁生产标准的实际执行程度。因此,我们依据2003年企业雇用员工人数的数据,按照欧盟关于企业规模的分类标准,将样本分为大型企业、中型企业与小型企业③,并基于这三类子样本进行回归,表10-8的第(1)—(3)列报告了估计结果。

总的来看,不同规模企业的交叉项估计系数与显著性存在差别,说明企业规模确实能影响源头污染治理对企业出口贸易可持续发展的积极作用。具体来看,大型企业的交叉项估计系数最大,中型企业次之,小型企业最小且显著性有所下降,说明源头污染治理可能更有利于规模较大企业出口贸易可持续发展水平的提升。

2. 企业所有制

由于中国国情的特殊性,国有企业与非国有企业承担的社会责任不同,国有企业需要承担更多的节能减排任务,环境规制也得到了更加严格的执行(张彩云、吕越,2018)④。此外,国有企业由于受到的社会关注度高,社会影响力大,因此拥有更加完善的环境信息披露制度,更

---

① 龙小宁、万威:《环境规制、企业利润率与合规成本规模异质性》,《中国工业经济》2017年第6期。

② 高翔、袁凯华:《清洁生产环境规制与企业出口技术复杂度——微观证据与影响机制》,《国际贸易问题》2020年第2期。

③ 欧盟关于企业规模的分类标准为:雇用员工人数1000人以上的为大型企业,人数介于250与1000之间的为中型企业,人数少于250人则为小型企业。

④ 张彩云、吕越:《绿色生产规制与企业研发创新——影响及机制研究》,《经济管理》2018年第1期。

容易受到环境监督。此外,根据《中国上市公司环境责任信息披露评价报》显示,国有企业的环境信息透明度远高于非国有企业。因此,我们认为国有企业相对于非国有企业来说,对源头污染治理政策实际执行的程度更深,这可能会最终表现为国有企业的出口贸易可持续发展水平得到了更强的激励作用。鉴于此,我们依据企业产权性质将样本分为国有企业、外资企业与民营企业,并基于这三类子样本进行回归,表10-8的第(4)—(6)列报告了估计结果。

出人意料的是,最终结果与以上的分析有出入,国有企业的交叉项估计系数反而最小,民营企业最大,外资企业介于两者之间。事实上,通过查阅相关文献后发现,也有许多学者认为国有企业的政策性能令其获得更多隐形优惠,具体到环境治理方面,国有企业更容易与当地政府形成利益共同体,导致政府会"包庇"国有企业,令国有企业存在更多讨价还价的空间,而环境监管的压力则会被更多地转移到非国有企业上(王书斌、徐盈之,2015)[①]。这就说明,国有企业对源头污染治理政策的实际执行程度也许并没有上文所分析的那么深。但也有可能是因为,国有企业不以营利作为唯一目的,出口的概率也不高(叶宁华等,2015)[②],这就会导致源头污染治理其实对国有企业的出口贸易可持续发展水平的激励作用较弱。而且结合前文的分析来看,源头污染治理对出口贸易可持续发展的影响可以分为成本效应与补偿效应,国有企业由于其产权特殊性,生产成本由国家负担,技术创新缺乏压力与动力,导致源头污染治理的影响也不易显现。而对于民营企业来说,虽然可能自

[①] 王书斌、徐盈之:《环境规制与雾霾脱钩效应——基于企业投资偏好的视角》,《中国工业经济》2015年第4期。

[②] 叶宁华、包群、张伯伟:《进入、退出与中国企业出口的动态序贯决策》,《世界经济》2015年第2期。

觉性较低,所受环境监管力度较弱,但当其承受持续的成本压力时,此类企业不得不加快技术创新以扭转自身发展受限的不利局面(徐圆等,2021)①,否则将会面临被挤出市场的危机。至于外资企业,其资金较为充足,并且此类企业可能在进入中国市场前便已拥有较高的技术水平,因此无论是成本效应还是补偿效应,对外资企业的作用都不强。

表 10-8 政策要求的实际执行程度研究

变量名称	大型企业 (1)	中型企业 (2)	小型企业 (3)	国有企业 (4)	外资企业 (5)	民营企业 (6)
$post_t \times treat_i$	0.204** (2.341)	0.152** (2.148)	0.098* (1.789)	0.045* (1.703)	0.096* (1.836)	0.253*** (3.671)
_cons	1.007* (1.985)	1.242 (1.664)	2.131** (2.471)	3.249** (2.383)	2.193* (1.952)	1.320 (1.362)
控制变量	控制	控制	控制	控制	控制	控制
企业固定效应	控制	控制	控制	控制	控制	控制
污染物排放标准	控制	控制	控制	控制	控制	控制
观测值	441896	310721	426104	149989	723756	304976
R^2	0.430	0.339	0.310	0.252	0.346	0.483

注:***、**和*分别表示在1%、5%和10%的显著性水平下显著;括号中数值为 t 统计量。

小　　结

本章聚焦于环境规制的源头污染控制手段,以其最具代表性的清

---

① 徐圆、陈曦、郭欣:《强制性减排政策与工业结构升级——来自民营企业的经验证据》,《财经问题研究》2021年第2期。

洁生产标准作为切入点,利用微观企业数据,构建企业出口"性价比"指标,研究源头污染控制对企业出口贸易可持续发展的影响,并对其作用机制进行检验。主要得到以下结论:(1)源头污染控制的实施能够显著促进企业出口贸易可持续发展。同时我们还从行业层面对该结论进行验证,结果结论依旧成立。(2)进一步地,为了明确源头污染治理对企业出口贸易可持续发展影响的具体变化,我们通过构建边际动态影响模型考察源头污染治理带来的边际影响,结果显示该边际影响是递增的,呈现"J"形特征。其中,成本效应具有一次性特点,而补偿效应需在时间积累下逐渐发挥作用,最终补偿效应在政策实施两年后超过成本效应,进而促进企业出口贸易可持续发展。(3)通过构建中介效应模型发现,从企业家精神层面解释源头污染控制对企业出口贸易可持续发展的作用机制是可行的。具体地,我们聚焦于企业家精神的核心——企业家创新精神,并将其分为企业家技术创新精神和企业家产品创新精神展开研究。实证结果表明,源头污染控制的实施激励了企业家技术创新精神,挫伤了企业家产品创新精神,进而影响企业出口贸易可持续发展。

　　本章可能的边际贡献在于:(1)弥补以往文献未对环境规制进行具体细分研究的缺憾,聚焦于环境规制中的源头污染治理手段,从"出口性价比"角度重新度量出口贸易可持续发展水平,研究源头污染治理对出口贸易可持续发展的影响,是对已有文献的有益补充。(2)将中国集中对不同行业施行清洁生产标准视为一项"准自然实验",弱化环境规制与出口贸易之间的反向因果关系,从微观企业层面展开研究,并为确保结果时效性和稳健性,利用行业数据进行进一步检验,为中国出口贸易模式转型和制定合理环境政策提供理论指导,具有重要的现实意义。

第十一章　研究结论与研究展望

改革开放以来，中国经济建设取得了举世瞩目的成就。在促进中国经济腾飞的诸多因素中，出口贸易的作用尤为重要。同时在未来很长的一段时间里，出口贸易也仍将是中国经济持续增长的主要驱动力之一。然而现阶段中国出口贸易发展并不乐观，首先中国面临着严峻的国际经济形势及以美国为首西方反华势力的频频发难，其次中国出口贸易走的是高能耗高污染的传统发展道路，这种发展模式带来的弊端逐步展现并逐渐成为阻碍出口贸易进一步发展的强大桎梏。其中最突出的问题便是中国生态环境遭受了巨大破坏，不仅危害到自己国内人民的健康安全，而且中国也因此在国际社会中饱受指责。中国政府意识到环境保护的重要性，开始实施严格的环境规制，力求转变传统的发展模式。近年来，环境规制的成效显著，但出口贸易发展受到的影响又如何呢？实际上，环境规制对出口贸易发展的影响一直受到政界、学界的广泛关注，本书正是针对这个问题，分别从出口贸易竞争力、出口产品多元化、出口成本加成、出口贸易可持续发展角度分析环境规制对不同维度出口贸易发展的影响，并研究这背后的作用机制，为中国制定环境规制政策、出口贸易政策提供现实依据。

第一节 研究结论与政策启示

一、研究结论

通过整理相关文献可以发现,环境规制对出口贸易发展的影响无论是在理论层面还是在实证层面都尚无定论。理论层面上,环境规制对出口贸易发展的影响主要基于成本效应和创新补偿效应展开,主要观点可大致归纳为"贸易促进论"和"贸易受损论",并且这些观点都能在实证研究中得到支撑,此外也有学者发现环境规制与出口贸易发展不是简单的线形关系,令两者之间的关系更显复杂。那么环境规制到底对出口贸易发展产生什么影响?考虑到出口贸易发展这一主题较为宽泛,我们选取该主题下较有代表性的不同维度,研究环境规制对其带来的影响。

在出口贸易竞争力方面,本书基于相关理论,分别在第三章和第四章对其进行实证检验。第三章从中国城市层面入手,研究环境规制对出口贸易竞争力的影响,并将数字经济与全要素生产率纳入分析框架。研究发现:(1)环境规制对出口贸易竞争力的影响随规制强度呈"U"形特征,这一结论在替换环境规制变量指标后依然显著。区域异质性分析表明:东部城市由于环境规制强度较高、对环境规制较敏感,"U"形较窄;中西部城市与东部地区相比规制强度较弱,企业对环境规制的敏感程度较低,故"U"形较宽。此外,人力资本扩张和城镇化水平的提高有利于增强贸易竞争力,而物质资本投入和对外开放程度对贸易竞争力的影响并不显著。(2)交互效应模型显示:首先,数字经济对出口贸易竞争力的正向关系显著,即数字经济发展能够增强出口贸易竞争力;进一步地,环境规制与数字经济对出口贸易竞争力存在显著的交互效应,即在环境规制存在的前提下,数字经济发展较好的城市,出口贸易竞争力更强。这一结论在替换了数字经济变量指标后依然显著。(3)有调节的中介效应模型显示:环境规制与数字经济对出口贸易竞争力的影响中,全要素生产率为可能的作用渠道,即数字经济放大了全要素生产率作为中介变量时环境规制对出口贸易竞争力的影响。

第四章基于中国制造业层面数据,从出口增加值视角重新测算中国制造业的出口贸易竞争力,在"波特假说"的基础上实证考察了环境规制对出口贸易竞争力的影响效应及其行业异质性,并从两种不同技术创新方式检验了环境规制对出口贸易出口竞争力的作用机制。研究发现:(1)环境规制对中国制造业出口贸易竞争力的促进效应大约为2.0%,但这一影响并非线性,而是呈现"U"形趋势,即"波特假说"的成立需要一定的前提条件。(2)环境规制对出口贸易竞争力的促进效应具有明显的行业异质性,这一促进效应主要体现在重度污染行业,其次为中度污染行业,而对轻度污染行业无显著影响。(3)环境规制在两种不同技术创新方式上的作用机制存在显著区别。环境规制对制造业的自主研发主要产生成本效应,在一定程度上抑制了出口贸易竞争力的提高,而对技术引进则主要表现为创新补偿效应,有利于制造业出口竞争力的提升。

在出口技术复杂度方面,本书基于相关理论,分别在第五章和第六章对其进行实证检验。第五章利用中国35个城市的制造业数据,考虑到区域异质性以及环境规制异质性后研究环境规制对出口技术复杂度的影响。研究发现:(1)环境规制对出口技术复杂度具有显著影响。在全样本回归实证中,不同的环境规制均对出口技术复杂度呈显著影响。其中命令型和激励型环境规制与出口技术复杂度之间为非线性相关,自愿型环境规制与出口技术复杂度之间呈正线性相关。(2)异质型环境规制对出口技术复杂度的影响存在差异。在分组回归实证中,不仅同样的环境规制会对不同的地区出口技术复杂度产生不同影响,而且同一地区的异质型环境规制也会对出口技术复杂度产生差异化的影响。具体而言,命令型环境规制对东中西部地区的出口技术复杂度均呈倒"U"形影响,即命令型环境规制与出口技术复杂度之间为先抑制再促进的影响过程,在经过特定的强度点过后,命令型环境规制的实施将提升中国制造业出口技术复杂度,但是中国现仍处于驻点左侧;激励型环境规制对环境规制与东中部出口技术复杂度呈显著的"U"形相关,即激励型环境规制与出口技术复杂度之间呈现先促进再抑制的影响效果,现阶段中国处于驻点左侧。对西部地区而言,激励型环境规制与出口技术复杂度则是呈较为显著的正线性相关,即通过排污费的征收、环境补贴的发放,西部地区企业在遵循成本的压力和补贴的激励下,更容易进行产品技术革新,从而提升产品出口技术复杂度;自愿型环境规制在东中部地区与出口技术复杂度之间呈显著的正线性相关,即公众环保意识的增强将有利于倒逼企业进行清洁生产,进而提升出口技术复杂度。而在西部地区,自愿型环境规制与出口技术复杂度之间的关系则并不明显,说明一方面西部地区环保意识相较于中东部地区较为薄弱,另一方面,西部地区公众环保意识的增强并没能很好地通过市场与舆论机制很好地反馈于企业,从而提升地区出口技术复杂度。(3)环境规制显著通过全要素生产率的中介效用进而作用于出口技术复杂度。实证部分以全要素生产率为中介变量,运用改进型逐步回归法对全要素生产率在环境规制与出口技术复杂度之间的中介效用是否显著进行回归分析,结果发现对于异质型环境规制,全要素生产率的中介效用均较为显著,即异质型环境规制通过全要素生产率的提升而促进了出口技术复杂度的增强。(4)经济发展水平与出口技术复杂度呈显著的正相关,说明随着中国国经济的持续向好发展,人均收入水平提升,由需求拉动的产品升级效用明显。同时,企业盈利能力的增强带来的是创新投入的增加,从而进一步提高产品生产效率,降低环境治理内部成本,进而提升产品出口技术复杂度;物质资本与出口技术复杂度之间显著正相关表明随着物质资本的增加,出口技术复杂度也会趋于提升;相较于经济发展水平和物质资本,人力资本与出口技术复杂度之间的相关性则出现地区差异性,主要表现为在东、中部地区,人力资本与出口技术复杂度之间显著正相关,而在西部地区,人力资本则与出口技术复杂度之间无明显相关性,即人力资本的增加在西部地区并不能很好的促进出口技术复杂度的提升。出现人力资本地区影响差异的原因可能为两点,一是西部地区的制造业来源主要为承接国外和中国东中部的边际产业,且西部地区蕴含丰富的自然资源,在要素禀赋和边际产业转移的影响下,西部地区的制造业主要以模仿和传统型工业为主,具有自主创新能力的企业较少,因此单纯的人力资本增加并不能很好提升制造业的出口技术复杂度;二是东中部地区与西部地区的人力资本也存在质上的差异,东部地区劳动力在前期的教育费用、智力开发和技能培训等方面的投入要明显高于西部地区,最终使得东、中部地区人力资本对出口技术复杂度的影响要显著强于西部地区。

第六章根据中国制造业的经验证据分析研究了环境规制与出口技

术复杂度之间的关系。理论分析发现环境规制对出口技术复杂度的影响主要通过成本效应和创新补偿效应表现出来。初期环境规制的实施会增加生产的各个阶段的成本,而对生产和创新造成挤出效应,使生产率下降,贸易竞争力也随之削弱。然而,当环境规制的强度超过一定临界点后,环保减排的要求会倒逼制造业进行技术创新,在此过程中,制造业的生产成本下降、利润提高,对出口技术复杂度产生积极影响。在经验研究层面,我们主要得到以下结论:(1)在基准回归模型中,环境规制对出口技术复杂度的影响随规制强度呈"U"型特征,且这一结论在替换了环境规制变量指标后依然显著。(2)从环境规制异质性角度分析,两种类型的环境规制对中国制造业出口技术复杂度的影响不尽相同。"前端控制型"环境规制对中国整体的制造业出口升级有促进作用;"末端治理型"环境规制则对中国制造业的出口升级有负面影响。说明"前端控制"的效果要优于"末端治理",这与王鹏和谢丽文(2014)的结论一致。(3)环境规制对中国制造业出口升级的影响存在较大的区域差异。"前端控制型"环境规制对提升中部地区出口技术复杂度的影响最大;"末端治理型"环境规制在一定时期内对东、中地区均呈现负面影响,而对西部地区存在正面影响。(4)中介效应模型显示,环境规制对出口技术复杂度的影响中,研发能力对出口技术复杂度的正向影响效果显著。同时,环境规制对与出口技术复杂度仍是正相关关系,三者形成中介效应。(5)其他控制变量表明,物质资本、人力资源、外商直接投资都对出口技术复杂度的提升有正面作用。

在出口成本加成方面,目前研究环境规制与出口成本加成关系的文献较少,为了能够为后续研究提供研究思路,本书基于相关理论,分别在第七章和第八章对此进行实证分析。第七章利用综合指数法对中国 31 个省份环境规制强度进行测算,并且借鉴 Loecker and Warzynski 法测算企业的出口成本加成,结果发现:(1)环境规制对企业出口成本加成的总体影响呈"U"形,起初环境规制强度的增强会使企业出口成本加成减小、竞争力降低,会给企业在国际贸易中造成一定的不利影响。但是随着环境规制强度的不断增强,超过"U"形拐点后,就会使得企业出口成本加成上升、竞争力增强,会使企业在国际贸易中更具竞争力,从而实现绿色发展和企业竞争力提升的"双赢"结果。(2)异质性分析方面发现,将企业按合规成本高低进行划分时,环境规制对合规成本较低的企业的负面影响小于合规成本较高的企业。并且在环境规制二次项的回归分析中,对于合规成本较低的企业,其"U"形关系并不显著,说明环境规制对合规成本较低的企业所产生的创新激励不足,不足以达到提升其出口成本加成的效用。将企业按创新与否进行分类时,环境规制与创新企业及非创新企业的出口成本加成的关系均呈"U"形且都显著,并且创新企业相对于非创新企业更早达到环境规制的拐点。同时在回归分析中发现,对于非创新企业,环境规制的负面影响较为显著,而对创新企业来说,环境规制所造成的负面影响并不显著。

第八章同样借鉴 Loecker and Warzynski 法对出口成本加成进行测算,利用中国 271 个城市制造业企业数据,构建环境规制与出口成本加成的计量模型,研究环境规制对出口成本加成的影响及其背后的作用机制,此外还引入了空间效应进行分析。结果发现:(1)环境规制对出口成本加成的影响呈现先抑制后促进的"U"形特征,当环境规制越过某一拐点时,将会开始促进出口成本加成的提升。(2)渠道检验发现,企业家精神在环境规制和出口成本加成之间起到部分中介作用。(3)进一步异质性分析发现,命令型、激励型和公众参与型环境规制对出口成本加成总体均呈"U"形,但命令型环境规制在后期可以更好地促进中国制造业企业出口成本加成;环境规制对轻度、中度和重度污染行业出口成本加成均保持"U"形影响,但越过拐点后,环境规制对中度污染行业出口成本加成提升效果最好。随后,本章认为研究不同区域的出口成本加成,必须考虑到地理邻近区域之间的密切经济互动,因此将空间因素纳入到研究中,达到有效消除因变量空间相关而产生回归偏差的目的,从而一方面有助于提高实证结果的准确性,另一方面有利于清楚阐述理论模型的经济含义。结果发现:(1)中国各城市出口成本加成具有显著的正向空间溢出效应。(2)一定强度的环境规制可以有效促进本地区出口成本加成,直接效应大于其他地区空间溢出效应。

在出口产品多元化方面,第九章利用微观企业数据展开研究,并从企业家精神角度解释环境规制与出口产品多元化背后的作用机制。此外,还将空间效应引入到分析框架进行拓展分析。研究发现:(1)环境规制对出口产品多元化的影响呈现出先抑制后促进的"U"形特征,当环境规制越过拐点后,环境规制增强会促进企业出口产品多元化的提升。原因是初期的环境规制对出口企业产生成本效应,促使出口企业出口成本上升,进而促使企业出口向核心产品倾斜,而在环境规制强度提升到一定程度后,环境规制通过激发出创新补偿效应,生产更多种类的产品,并补偿环境规制所产生的成本,企业改变出口策略,致使企业出口产品多元化提升。(2)异质性分析可知,不同地区环境规制对出口产品多元化的影响不同,不同行业受到的同一环境规制的影响亦存在差异。具体表现为环境规制对出口产品多元化的影响效应在东部地区最大,中部地区居中,西部地区最弱,由此说明区位差异以及经济发展水平会影响环境规制的作用效应。并且环境规制对清洁行业企业的出口产品多元化影响呈现出先降后升的"U"形特征,对污染行业企业出口产品多元化存在抑制作用。(3)作用机制检验可知,企业家精神是环境规制影响出口产品多元化的中介变量,具体路径主要为环境规制通过企业家精神来促进出口产品多元化的提升,原因是因为企业家创新精神可以促进企业新产品的产生,且企业家创业精神可以致使新企业的成立进而造成新产品的产生,总之,两者均对出口产品多元化产生正向影响。(4)进一步分析环境规制的空间效应发现,企业出口产品多元化亦受到邻近省份环境规制的影响,一定程度上说明邻近省份政府间存在着互相模仿效应,且邻近省份间出口企业亦存在着出口竞争效应。

在出口贸易可持续发展方面,第十章聚焦于环境规制中的源头污染控制手段,以其中最具代表性的清洁生产标准作为切入点,利用出口"性价比"重新衡量中国出口贸易可持续发展水平,基于双重差分法研究源头污染控制对出口贸易可持续发展的影响,并将企业家精神纳入分析框架以进一步丰富影响机制。研究发现:(1)环境规制中的源头污染控制显著影响企业出口贸易可持续发展,清洁生产标准实施后,受规制企业出口"性价比"指数得到提升。同时,企业规模对企业出口贸易可持续发展有积极作用,而企业成立年数、融资约束则带来消极影响。此外,为了进一步确保实证结果的稳健性和时效性,文章利用2004—2018年海关数据,从行业层面对源头污染控制与出口贸易可持续发展的关系进行检验,结果发现结论依旧成立。(2)通过检验边际动态影响模型发现,清洁生产标准带来的边际影响是递增的,总体呈现"J"形特征。清洁生产标准带来的成本效应具有一次性特征,政策实施后并未一直加强,补偿效应则需在时间积累下才能逐渐发挥作用,政策实施两年后成本效应将被补偿效应超过,从而表现为促进企业出口贸易可持续发展。(3)根据作用机制分析,企业家精神是源头污染控制影响企业出口贸易可持续发展的作用渠道之一。具体地,企业家精神被分为企业家技术创新精神和企业家产品创新精神,源头污染控制通过激励企业家技术创新精神和挫伤企业家产品创新精神影响企业出口贸易可持续发展。

二、政策启示

根据以上的研究结论回答了"环境规制对出口贸易发展的影响",这为我们进一步探讨"如何有效发挥环境规制对出口贸易发展的积极作用"这一规范性问题带来了启示。

首先,在环境规制政策上,政府应当进一步提升环境规制的强度。根据不同角度的实证检验结果来看,环境规制强度只有超过一定界限才能充分发挥和利用创新补偿效应,从而为出口贸易发展带来积极作用。然而目前中国的环境规制强度还有进一步提高的余地,因此,政府应当改革当前环境规制体系,建立统一、权威、独立的环境监管机构,加强环境信息收集,降低政府与企业之间的信息不对称,让环境规制政策能够得到有效的执行。

其次,政府在制定环境规制政策时应当考虑到,环境规制带来的影响会由于规制类型、行业、地区等方面的特征而有所不同。我们发现在环境规制的具体类型上,采用命令型环境规制更符合中国环境治理阶段,可以在有效改善环境的同时,促进企业改用清洁生产技术,当然我们也应同时以激励型和公众参与型环境规制为辅,共同促进环境改善和企业革新。而若将环境规制按污染治理思路划分,则环境规制又可分为源头污染控制与末端污染治理,前者相比后者来说,不仅更加注重从根源上减少环境污染,而且要求企业重视技术创新。我们的研究证明源头污染控制的实施能够促进企业出口贸易可持续发展。因此,进一步推进和深化源头污染控制,从长远角度出发,不能只顾当下效益,彻底转变"先污染,后治理"的环境规制思路,将污染排放末端治理转向污染源头治理,推动环境污染的治理路径的转型升级,并充分发挥政府在城市基础设施建设投资中的积极作用。进一步细化防污减排标准,逐步扩大清洁生产标准的适用行业范围是必要的。并且,政府应积极树立清洁生产风向,鼓励出口企业采用清洁生产技术以应对出口贸易壁垒。至于行业的异质性方面,我们认为政府制定环境规制政策时,应该考虑到不同行业的异质性特征,针对不同污染排放强度的行业,制定适宜强度的环境规制政策,以有效发挥环境规制的创新补偿效应。在地区方面,我们通过对比东中西部地区环境规制最终带来的影响发现,东部地区普遍所受到的环境规制强度较高,对环境规制政策的反应更加敏感,因此政府应实施严厉实效的环境政策,加大技术创新的资金投入,推动高新技术产业和环保产业发展。而中西部地区则相反,因而政府应渐进地实施环境政策。此外,为了有效缩小东中西部间环境规制的差距,政府应加大对中西部地区处理污染物的基础设施建设,优化产业结构,提升污染治理效率,促进技术创新,并且也应该加强对教育的投入。

再次,在社会政策上,政府应鼓励企业的创新活动。我们从数字经济、全要素生产率、技术创新、企业家精神、研发能力角度解释环境规制对出口贸易发展的影响机制,发现这些变量确实能起到调节或者中介作用。实际上,这些变量都与创新有着密切关系。因此,为了更大程度地发挥环境规制对出口贸易发展的积极作用,政府应该加大对企业自主研发和技术创新的扶持力度,力求更有效地弥补环境规制带来的成本效应,必要时可以为相关企业提供技术补贴或者税收优惠,以降低企业因更新生产技术,而造成生产成本陡增所带来的负面影响,从而激励企业在核心技术和工艺设计上进行自主创新,摆脱技术引进和模仿创新的路径依赖,逐渐形成自身的出口优势。此外,政府应重视培育和保护企业家精神,尽快建立健全制度体系,加强专利保护政策,营造良好的市场环境,降低企业家创新的门槛,提高企业家承担风险的能力,令企业家才能得到良好发挥。

第二节　研究展望

本书虽然力求在已有研究成果的基础之上,对环境规制影响出口贸易发展进行全方位、多层次的分析,然而由于作者能力和时间所限,本书还存在不足和有待进一步深入挖掘之处:

第一,出口贸易发展涉及领域广,囿于作者技术水平、数据可得性、时间充裕度限制,本书只是选取了其中最具代表性的出口贸易竞争力、出口技术复杂度、出口成本加成、出口产品多元化、出口贸易可持续发展等维度展开研究,其余还有许多维度有待我们深入挖掘,这也是本书进一步的研究方向。

第二,环境规制手段多样,内涵丰富,本书为了得出环境规制对出口贸易发展影响的一般规律,因此研究的环境规制具有适用性范围较广、影响程度较大、指向性较弱的特点,也就在一定程度上忽略了一些具有明确针对性的环境规制的影响。此外,本书主要研究的是中国环境规制带来的影响,并没有将其他国家的环境规制政策考虑在内。实际上,根据传统贸易理论,当环境成为生产要素时,环境规制强度就会影响一国生产产品的比较优势,因此外国的环境规制政策也会影响国内出口贸易发展的变化,当然这也是本书进一步的研究方向。

第三,本书介绍了环境规制影响出口贸易发展的若干机制,但是并没有将其模型化,因而也更难深刻地揭示环境规制影响出口贸易发展的条件,进而无法提出更具有针对性的政策建议。将环境规制影响出口贸易发展的作用机制模型化便是本书今后进一步的研究方向。

参考文献

一、中文参考文献

1．包群、彭水军:《经济增长与环境污染:基于面板数据的联立方程估计》,《世界经济》2006 年第 11 期。

2．薄文广、徐玮、王军锋:《地方政府竞争与环境规制异质性:逐底竞争还是逐顶竞争?》,《中国软科学》2018 年第 11 期。

3．曹旭平、张丽媛:《中国出口波动特征与影响因素动态分析》,《统计与决策》2019 年第 22 期。

4．曹亚军、毛其淋:《人力资本如何影响了中国制造业企业成本加成率?——来自中国"大学扩招"的证据》,《财经研究》2019 年第 12 期。

5．沈能:《环境规制对区域技术创新影响的门槛效应》,《中国人口·资源与环境》2012 年第 6 期。

6．陈爱贞、闫中晓:《出口强度、资源错配与产品质量》,《厦门大学学报(哲学社会科学版)》2020 年第 6 期。

7．陈诗一:《中国的绿色工业革命:基于环境全要素生产率视角的解释（1980—2008）》，《经济研究》2010 年第 11 期。

8．陈维涛、王永进、毛劲松：《出口技术复杂度、劳动力市场分割与中国的人力资本投资》，《管理世界》2014 年第 2 期。

9．陈迎、潘家华、谢来辉：《中国外贸进出口商品中的内涵能源及其政策含义》，《经济研究》2008 年第 7 期。

10．陈勇兵、蒋灵多：《外资参与、融资约束与企业生存——来自中国微观企业的证据》，《投资研究》2012 年第 6 期。

11．单春霞、仲伟周、耿紫珍等：《环境规制、行业异质性对工业行业技术创新的影响研究》，《经济问题》2019 年第 12 期。

12．党玉婷、盛丹：《全球价值链下中国对外贸易内涵污染研究》，《经济问题探索》2018 年第 7 期。

13．邓慧慧、桑百川：《财政分权、环境规制与地方政府 FDI 竞争》，《上海财经大学学报》2015 年第 3 期。

14．邓丽娜、亓朋：《环境规制对中国企业出口行为的影响——基于二元边际的微观视角分析》，《鲁东大学学报（哲学社会科学版）》2019 年第 1 期。

15．杜威剑、李梦洁：《反倾销对多产品企业出口绩效的影响》，《世界经济研究》2018 年第 9 期。

16．范丹、孙晓婷：《环境规制、绿色技术创新与绿色经济增长》，《中国人口·资源与环境》2020 年第 6 期。

17．傅京燕、李丽莎：《环境规制、要素禀赋与产业国际竞争力的实证研究——基于中国制造业的面板数据》，《管理世界》2010 年第 10 期。

18．傅京燕、赵春梅：《环境规制会影响污染密集型行业出口贸易吗?——基于中国面板数据和贸易引力模型的分析》,《经济学家》2014年第2期。

19．傅强、马青、S.Bayanjargal:《地方政府竞争与环境规制:基于区域开放的异质性研究》,《中国人口·资源与环境》2016年第3期。

20．高翔、袁凯华:《清洁生产环境规制与企业出口技术复杂度——微观证据与影响机制》,《国际贸易问题》2020年第2期。

21．高志刚、尤济红:《环境规制强度与中国全要素能源效率研究》,《经济社会体制比较》2015年第6期。

22．顾元媛、沈坤荣:《地方官员创新精神与地区创新——基于长三角珠三角地级市的经验证据》,《金融研究》2012年第11期。

23．韩超、胡浩然:《清洁生产标准规制如何动态影响全要素生产率——剔除其他政策干扰的准自然实验分析》,《中国工业经济》2015年第5期。

24．韩超、桑瑞聪:《环境规制约束下的企业产品转换与产品质量提升》,《中国工业经济》2018年第2期。

25．韩会朝、徐康宁:《中国产品出口"质量门槛"假说及其检验》,《中国工业经济》2014年第4期。

26．韩晶、陈超凡、冯科:《环境规制促进产业升级了吗?——基于产业技术复杂度的视角》,《北京师范大学学报(社会科学版)》2014年第1期。

27．韩先锋、宋文飞、李勃昕:《互联网能成为中国区域创新效率提升的新动能吗》,《中国工业经济》2019年第7期。

28．郝良峰、邱斌:《基于同城化与产业同构效应的城市层级体系研究——以长三角城市群为例》,《重庆大学学报(社会科学版)》2016

年第1期。

29．何兴邦：《异质型环境规制与中国经济增长质量——行政命令与市场手段孰优孰劣？》，《商业研究》2020年第9期。

30．洪世勤、刘厚俊：《我国制成品出口技术结构变化与变迁的经济效应——基于动态分类的我国制成品出口技术结构的定量分析》，《国际贸易问题》2013年第4期。

31．黄德春、刘志彪：《环境规制与企业自主创新——基于波特假设的企业竞争优势构建》，《中国工业经济》2006年第3期。

32．黄永明、陈小飞：《中国贸易隐含污染转移研究》，《中国人口·资源与环境》2018年第10期。

33．黄永明、何剑峰：《环境规制差异对出口升级的影响——基于我国省际面板数据的研究》，《国际商务（对外经济贸易大学学报）》2017年第1期。

34．贾新华、董保宝：《CEO权力支配性对组织创新行为的倒"U"形影响》，《税务与经济》2020年第2期。

35．蒋伏心、王竹君、白俊红：《环境规制对技术创新影响的双重效应——基于江苏制造业动态面板数据的实证研究》，《中国工业经济》2013年第7期。

36．颉茂华、王瑾、刘冬梅：《环境规制、技术创新与企业经营绩效》，《南开管理评论》2014年第6期。

37．金相郁：《中国城市全要素生产率研究：1990—2003》，《上海经济研究》2006年第7期。

38．荆文君、孙宝文：《数字经济促进经济高质量发展：一个理论分析框架》，《经济学家》2019年第2期。

39．康志勇、汤学良、刘馨:《环境规制、企业创新与中国企业出口研究——基于"波特假说"的再检验》,《国际贸易问题》2020年第2期。

40．邝嫦娥、田银华、李昊匡:《环境规制的污染减排效应研究——基于面板门槛模型的检验》,《世界经济文汇》2017年第3期。

41．蓝庆新、窦凯:《基于"钻石模型"的中国数字贸易国际竞争力实证研究》,《社会科学》2019年第3期。

42．李斌、陈崇诺:《异质型环境规制对中国工业能源效率影响的实证检验》,《统计与决策》2016年第3期。

43．李宏彬、李杏、姚先国等:《企业家的创业与创新精神对中国经济增长的影响》,《经济研究》2009年第10期。

44．李宏兵、蔡宏波、胡翔斌:《融资约束如何影响中国企业的出口持续时间》,《统计研究》2016年第6期。

45．李宏兵、赵春明:《环境规制影响了我国中间品出口吗——来自中美行业面板数据的经验分析》,《国际经贸探索》2013年第6期。

46．李怀建、沈坤荣:《出口产品质量的影响因素分析——基于跨国面板数据的检验》,《产业经济研究》2015年第6期。

47．李怀政、林杰:《环境规制的出口贸易效应实证研究——一个基于中国14个工业行业的ECM模型》,《江苏商论》2011年第4期。

48．李玲、陶锋:《中国制造业最优环境规制强度的选择——基于绿色全要素生产率的视角》,《中国工业经济》2012年第5期。

49．李梦洁、杜威剑:《环境规制与企业出口产品质量:基于制度环境与出口持续期的分析》,《研究与发展管理》2018年第3期。

50．李鹏升、陈艳莹:《环境规制、企业议价能力和绿色全要素生产率》,《财贸经济》2019年第11期。

51．李胜旗、毛其淋:《制造业上游垄断与企业出口国内附加值——来自中国的经验证据》,《中国工业经济》2017年第3期。

52．李眺:《环境规制、服务业发展与我国的产业结构调整》,《经济管理》2013年第8期。

53．李小平、卢现祥、陶小琴:《环境规制强度是否影响了中国工业行业的贸易比较优势》,《世界经济》2012年第4期。

54．李晓峰、姚传高:《中印服务贸易竞争优势比较及影响因素的实证研究》,《学术研究》2014年第9期。

55．李昭华、蒋冰冰:《欧盟玩具业环境规制对我国玩具出口的绿色壁垒效应——基于我国四类玩具出口欧盟十国的面板数据分析:1990—2006》,《经济学(季刊)》2009年第3期。

56．李政、刘丰硕:《企业家精神提升城市全要素生产率了吗?》,《经济评论》2020年第1期。

57．廖涵、谢靖:《"性价比"与出口增长:中国出口奇迹的新解读》,《世界经济》2018年第2期。

58．林毅夫、张鹏飞:《后发优势、技术引进和落后国家的经济增长》,《经济学(季刊)》2005年第4期。

59．刘斌、王乃嘉:《房价上涨挤压了我国企业的出口能量吗?》,《财经研究》2016年第5期。

60．刘德学、钟湘玥:《国外上游垄断、贸易政策与本土企业加成率》,《当代财经》2020年第10期。

61．刘和旺、郑世林、左文婷:《环境规制对企业全要素生产率的影响机制研究》,《科研管理》2016年第5期。

62． 刘家悦、谢靖:《环境规制与制造业出口质量升级——基于要素投入结构异质性的视角》,《中国人口·资源与环境》2018 年第 2 期。

63． 刘磊、步晓宁:《融资约束、企业异质性与企业成本加成》,《世界经济文汇》2019 年第 6 期。

64． 刘啟仁、黄建忠:《产品创新如何影响企业加成率》,《世界经济》2016 年第 11 期。

65． 刘强、庄幸、姜克隽等:《中国出口贸易中的载能量及碳排放量分析》,《中国工业经济》2008 年第 8 期。

66． 刘伟明:《环境污染的治理路径与可持续增长:"末端治理"还是"源头控制"?》,《经济评论》2014 年第 6 期。

67． 刘悦、周默涵:《环境规制是否会妨碍企业竞争力:基于异质性企业的理论分析》,《世界经济》2018 年第 4 期。

68． 刘志彪、张杰:《我国本土制造业企业出口决定因素的实证分析》,《经济研究》2009 年第 8 期。

69． 柳剑平、郑光凤:《环境规制、研发支出与全要素生产率——基于中国大中型工业企业的面板模型》,《工业技术经济》2013 年第 11 期。

70． 龙小宁、万威:《环境规制、企业利润率与合规成本规模异质性》,《中国工业经济》2017 年第 6 期。

71． 鲁传一、李子奈:《企业家精神与经济增长理论》,《清华大学学报(哲学社会科学版)》2000 年第 3 期。

72． 马树才、周小琳:《中国商品出口二元边际均衡发展研究——引入要素禀赋理论的思考》,《亚太经济》2017 年第 5 期。

73． 马卫东、唐德善、史修松:《环境规制与企业家精神之间的双重红利效应研究——来自中国经验的研究(2000—2017年)》,《华东经济管理》2020年第10期。

74．毛海涛、钱学锋、张沾:《中国离贸易强国有多远:基于标准化贸易利益视角》,《世界经济》2019年第12期。

75．毛其淋、盛斌:《贸易自由化、企业异质性与出口动态——来自中国微观企业数据的证据》,《管理世界》2013年第3期。

76．毛其淋、盛斌:《贸易自由化与中国制造业企业出口行为:"入世"是否促进了出口参与?》,《经济学(季刊)》2014年第2期。

77．孟捷、冯金华:《部门内企业的代谢竞争与价值规律的实现形式——一个演化马克思主义的解释》,《经济研究》2015年第1期。

78．聂辉华、江艇、杨汝岱:《中国工业企业数据库的使用现状和潜在问题》,《世界经济》2012年第5期。

79．聂辉华、谭松涛、王宇锋:《创新、企业规模和市场竞争:基于中国企业层面的面板数据分析》,《世界经济》2008年第7期。

80．裴长洪、倪江飞、李越:《数字经济的政治经济学分析》,《财贸经济》2018年第9期。

81．齐晔、李惠民、徐明:《中国进出口贸易中的隐含碳估算》,《中国人口·资源与环境》2008年第3期。

82．钱立华、方琦、鲁政委:《刺激政策中的绿色经济与数字经济协同性研究》,《西南金融》2020年第12期。

83．钱学锋:《企业异质性、贸易成本与中国出口增长的二元边际》,《管理世界》2008年第9期。

84．钱学锋、潘莹、毛海涛:《出口退税、企业成本加成与资源误置》,《世界经济》2015年第8期。

85．任力、黄崇杰:《国内外环境规制对中国出口贸易的影响》,《世界经济》2015 年第 5 期。

86．邵敏、包群:《政府补贴与企业生产率——基于我国工业企业的经验分析》,《中国工业经济》2012 年第 7 期。

87．申晨、李胜兰、黄亮雄:《异质性环境规制对中国工业绿色转型的影响机理研究——基于中介效应的实证分析》,《南开经济研究》2018 年第 5 期。

88．盛丹、王永进:《中国企业低价出口之谜——基于企业加成率的视角》,《管理世界》2012 年第 5 期。

89．施炳展:《中国企业出口产品质量异质性:测度与事实》,《经济学(季刊)》2014 年第 1 期。

90．施炳展、邵文波:《中国企业出口产品质量测算及其决定因素——培育出口竞争新优势的微观视角》,《管理世界》2014 年第 9 期。

91．施炳展、王有鑫、李坤望:《中国出口产品品质测度及其决定因素》,《世界经济》2013 年第 9 期。

92．宋马林、王舒鸿:《环境规制、技术进步与经济增长》,《经济研究》2013 年第 3 期。

93．孙辉煌、兰宜生:《贸易开放、不完全竞争与成本加成——基于中国制造业数据的实证分析》,《财经研究》2008 年第 8 期。

94．孙杰:《从数字经济到数字贸易:内涵、特征、规则与影响》,《国际经贸探索》2020 年第 5 期。

95．孙瑾、丁冉、王杰镭:《关于可持续贸易的研究进展》,《经济学动态》2020 年第 8 期。

96．孙婷、余东华、李捷:《基于 FRIT 框架的制造业国际竞争力评价研究——兼析环境规制的非线性效应》,《经济问题探索》2017年第9期。

97．孙学敏、王杰:《环境规制对中国企业规模分布的影响》,《中国工业经济》2014年第12期。

98．孙英杰、林春:《试论环境规制与中国经济增长质量提升——基于环境库兹涅茨倒"U"形曲线》,《上海经济研究》2018年第3期。

99．孙早、徐远华:《信息基础设施建设能提高中国高技术产业的创新效率吗?——基于2002—2013年高技术17个细分行业面板数据的经验分析》,《南开经济研究》2018年第2期。

100．唐海燕、张会清:《产品内国际分工与发展中国家的价值链提升》,《经济研究》2009年第9期。

101．陶静、胡雪萍:《环境规制对中国经济增长质量的影响研究》,《中国人口·资源与环境》2019年第6期。

102．王国印、王动:《波特假说、环境规制与企业技术创新——对中东部地区的比较分析》,《中国软科学》2011年第1期。

103．王杰、刘斌:《环境规制与中国企业出口表现》,《世界经济文汇》2016年第1期。

104．王娟茹、张渝:《环境规制、绿色技术创新意愿与绿色技术创新行为》,《科学学研究》2018年第2期。

105．王丽、张岩、高国伦:《环境规制、技术创新与碳生产率》,《干旱区资源与环境》2020年第3期。

106．王书斌、徐盈之:《环境规制与雾霾脱钩效应——基于企业投资偏好的视角》,《中国工业经济》2015年第4期。

107．王小鲁、樊纲:《中国地区差距的变动趋势和影响因素》,《经济研究》2004年第1期。

108．王艺明、陈晨、高思航:《中国城市全要素生产率估算与分析:2000—2013》,《经济问题》2016年第8期。

109．王毅、黄先海、余骁:《环境规制是否降低了中国企业出口国内附加值率》,《国际贸易问题》2019年第10期。

110．王永进、盛丹、施炳展等:《基础设施如何提升了出口技术复杂度?》,《经济研究》2010年第7期。

111．王勇、李雅楠、李建民:《环境规制、劳动力再配置及其宏观含义》,《经济评论》2017年第2期。

112．王昀、孙晓华:《政府补贴驱动工业转型升级的作用机理》,《中国工业经济》2017年第10期。

113．卫迎春、李凯:《我国制造业国际市场竞争力的发展趋势及其决定因素的实证分析》,《国际贸易问题》2010年第3期。

114．温忠麟、叶宝娟:《有调节的中介模型检验方法:竞争还是替补?》,《心理学报》2014年第5期。

115．吴磊、贾晓燕、吴超等:《异质型环境规制对中国绿色全要素生产率的影响》,《中国人口·资源与环境》2020年第10期。

116．吴学花、刘亚丽、田洪刚等:《环境规制驱动经济增长的路径——一个链式多重中介模型的检验》,《济南大学学报(社会科学版)》2021年第1期。

117．肖晓军、陈志鹏:《环境规制对出口商品技术复杂度的影响效应及其约束条件——基于我国省际面板数据的门槛回归分析》,《财经论丛》2019年第10期。

118．谢靖、廖涵:《技术创新视角下环境规制对出口质量的影响研究——基于制造业动态面板数据的实证分析》,《中国软科学》2017年第8期。

119．熊励、蔡雪莲:《数字经济对区域创新能力提升的影响效应——基于长三角城市群的实证研究》,《华东经济管理》2020年第12期。

120．熊励、顾勤琴、陈朋:《数字内容产业竞争力指数评价体系研究——来自上海的实证》,《科技进步与对策》2014年第18期。

121．徐敏燕、左和平:《集聚效应下环境规制与产业竞争力关系研究——基于"波特假说"的再检验》,《中国工业经济》2013年第3期。

122．徐圆、陈曦、郭欣:《强制性减排政策与工业结构升级——来自民营企业的经验证据》,《财经问题研究》2021年第2期。

123．徐志伟:《工业经济发展、环境规制强度与污染减排效果——基于"先污染,后治理"发展模式的理论分析与实证检验》,《财经研究》2016年第3期。

124．许和连、徐莉、王海成:《创新补贴影响企业出口二元边际研究》,《湖南大学学报(社会科学版)》2017年第2期。

125．寻格辉:《R&D的投资激励:为什么会有技术领先企业?》,《上海经济研究》2004年第6期。

126．阳佳余:《融资约束与企业出口行为:基于工业企业数据的经验研究》,《经济学(季刊)》2012年第4期。

127．杨淳、肖广岭、杜劭君:《初始条件与新创科技企业生存》,《科研管理》2020年第10期。

128．杨飞:《市场化、技能偏向性技术进步与技能溢价》,《世界经济》2017年第2期。

129．杨汝岱、李艳：《移民网络与企业出口边界动态演变》，《经济研究》2016年第3期。

130．杨新铭：《数字经济：传统经济深度转型的经济学逻辑》，《深圳大学学报（人文社会科学版）》2017年第4期。

131．叶宁华、包群、张伯伟：《进入、退出与中国企业出口的动态序贯决策》，《世界经济》2015年第2期。

132．易靖韬、蒙双：《贸易自由化、企业异质性与产品范围调整》，《世界经济》2018年第11期。

133．应瑞瑶、田聪聪、张兵兵：《"节能减排"政策、出口产品范围调整与企业加成率》，《东南大学学报（哲学社会科学版）》2020年第4期。

134．余东华、孙婷：《环境规制、技能溢价与制造业国际竞争力》，《中国工业经济》2017年第5期。

135．余娟娟：《环境规制对行业出口技术复杂度的调整效应》，《中国人口·资源与环境》2015年第8期。

136．余淼杰、袁东：《贸易自由化、加工贸易与成本加成——来自我国制造业企业的证据》，《管理世界》2016年第9期。

137．余壮雄、米银霞：《地区产业转型中的企业行为与资源错配》，《中国工业经济》2018年第6期。

138．原毅军、谢荣辉：《环境规制的产业结构调整效应研究——基于中国省际面板数据的实证检验》，《中国工业经济》2014年第8期。

139．岳文、韩剑：《异质性企业、出口强度与技术升级》，《世界经济》2017年第10期。

140．张彩云：《科技标准型环境规制与企业出口动态——基于清洁生产标准的一次自然实验》,《国际贸易问题》2019 年第 12 期。

141．张彩云、吕越:《绿色生产规制与企业研发创新——影响及机制研究》,《经济管理》2018 年第 1 期。

142．张成:《内资和外资:谁更有利于环境保护——来自我国工业部门面板数据的经验分析》,《国际贸易问题》2011 年第 2 期。

143．张成、陆旸、郭路等:《环境规制强度和生产技术进步》,《经济研究》2011 年第 2 期。

144．张宏翔、王铭槿:《公众环保诉求的溢出效应——基于省际环境规制互动的视角》,《统计研究》2020 年第 10 期。

145．张慧玲、盛丹:《前端污染治理对我国企业生产率的影响——基于边界断点回归方法的研究》,《经济评论》2019 年第 1 期。

146．张慧玲、盛丹:《前端污染治理与我国企业的就业吸纳——基于拟断点回归方法的考察》,《财经研究》2019 年第 1 期。

147．张军、吴桂英、张吉鹏:《中国省际物质资本存量估算:1952—2000》,《经济研究》2004 年第 10 期。

148．张倩:《市场激励型环境规制对不同类型技术创新的影响及区域异质性》,《产经评论》2015 年第 2 期。

149．张胜满、张继栋:《产品内分工视角下环境规制对出口二元边际的影响——基于两步系统 GMM 动态估计方法的研究》,《世界经济研究》2016 年第 1 期。

150．张天悦:《我国省级环境规制的 SE-SBM 效率研究》,《工业技术经济》2014 年第 4 期。

151．张雪玲、焦月霞:《中国数字经济发展指数及其应用初探》,《浙江社会科学》2017 年第 4 期。

152．张永庆、王晓凤:《信息基础设施投入对全要素生产率的影响》,《技术与创新管理》2020年第5期。

153．张宇、蒋殿春:《FDI、产业集聚与产业技术进步——基于中国制造行业数据的实证检验》,《财经研究》2008年第1期。

154．赵红:《环境规制对产业技术创新的影响——基于中国面板数据的实证分析》,《产业经济研究》2008年第3期。

155．赵晶、王根蓓:《人力资本异质性与中国出口竞争力》,《经济学动态》2011年第9期。

156．赵立祥、冯凯丽、赵蓉:《异质性环境规制、制度质量与绿色全要素生产率的关系》,《科技管理研究》2020年第22期。

157．赵涛、张智、梁上坤:《数字经济、创业活跃度与高质量发展——来自中国城市的经验证据》,《管理世界》2020年第10期。

158．赵玉民、朱方明、贺立龙:《环境规制的界定、分类与演进研究》,《中国人口·资源与环境》2009年第6期。

159．郑建、周润、周曙东:《中美贸易摩擦升级:情景模拟与贸易制裁效果后评估》,《财经论丛》2020年第6期。

160．朱平芳、张征宇、姜国麟:《FDI与环境规制:基于地方分权视角的实证研究》,《经济研究》2011年第6期。

161．祝树金、戢璇、傅晓岚:《出口品技术水平的决定性因素:来自跨国面板数据的证据》,《世界经济》2010年第4期。

162．祝树金、张鹏辉:《出口企业是否有更高的价格加成:中国制造业的证据》,《世界经济》2015年第4期。

二、英文参考文献

1．Atkeson A., Burstein A., "Innovation, Firm Dynamics, and International Trade", *Journal of Political Economy*, 2010, Vol.118, No.3.

2. Balassa B., "Trade Liberalization and Revealed Compapative Advantage", *Manchester School*, 1965, Vol.33, No.2.

Baldwin J.R., Gu W., "Export-Market Participation and Productivity Performance in Canadian Manufacturing", *Canadian Journal of Economics/revue Canadienne Déconomique*, 2003.

3. Baron R.M., Kenny D.A., "The Moderator-Mediator Variable Distinction in Social Psychological Research: Conceptual, Strategic, and Statistical Considerations", *Journal of personality and social psychology*, 1986, Vol.51, No.6.

4. Beaudreau B.C., "What the OECD-WTO TiVA Data Tell Us about Comparative Advantage and International Trade in General", *International Trade Journal*, 2013, Vol.27, No.5.

5. Berman E., Bui L., "Environmental Regulation and Productivity: Evidence from Oil Refineries", *Review of Economics & Statistics*, 2001, Vol.83, No.3.

6. Bernard A.B., Jensen J.B., "Why Some Firms Export", *Review of Economics & Statistics*, 2004, Vol.86, No.2.

7. Böhringer C., Moslener U., Oberndorfer U., et al., "Clean and Productive? Empirical Evidence from the German Manufacturing Industry", *Research Policy*, 2011, Vol.41, No.2.

8. Brandt L., Biesebroeck J.V., Zhang Y., "Creative Accounting or Creative Destruction? Firm-level Productivity Growth in Chinese Manufacturing", *Journal of Development Economics*, 2012, Vol.97, No.2.

9. Brandt L., Tombe T., Zhu X., "Factor Market Distortions Across Time, Space and Sectors in China", *Society for Economic Dynamics*, 2013, Vol.16, No.1.

10. Bu M., Qiao Z., Liu B., "Voluntary Environmental Regulation and Firm Innovation in China", *Economic Modelling*, 2020, Vol.89.

11. Cagatay S., Mihci H., "Degree of Environmental Stringency and the Impact on Trade Patterns", *Journal of Economic Studies*, 2006, Vol.33, No.1.

12. Chen A., Liu Z., "Determinants of Chinese Machinery Industries' Position in GVCs: Based on Input-output Empirical Analysis of Divided Industries", *Journal of International Trade*, 2011, Vol.4.

13. Cheng M., Shao Z., Yang C., et al., "Analysis of Coordinated Development of Energy and Environment in China's Manufacturing Industry under Environmental Regulation: A Comparative Study of Sub-Industries", *Sustainability*, 2019, Vol.11, No.22.

14. Copeland B.R., Taylor M.S., "Trade, Growth and the Environment", *Journal of Economic Literature* 2004, Vol.42, No.1.

15. Costantini V., Mazzanti M., "On the Green and Innovative Side of Trade Competitiveness? The Impact of Environmental Policies and Innovation on EU Exports", *Research Policy*, 2012, Vol.41, No.1.

16. Domazlicky B.R., Weber W.L., "Does Environmental Protection Lead to Slower Productivity Growth in the Chemical Industry?", *Environmental & Resource Economics*, 2004, Vol.28, No.3.

17. Domowitz I., Petersen B.C., Hubbard R.G., "Market Structure and

Cyclical Fluctuations in U.S.Manufacturing", *The Review of Economics and Statistics* 1988, Vol.70, No.1.

18. Ederington J., Minier J., "Is Environmental Policy a Secondary Trade Barrier? An Empirical Analysis", *The Canadian Journal of Economics*, 2003, Vol.36, No.1.

19. Ederington J., Minier L.J., "Footloose and Pollution-Free", *Review of Economics & Statistics*, 2005, Vol.87, No.1.

20. Elhorst J. P., Freret S., "Evidenve of Political Yardstick Competition in France using a Two-Regime Spatial Durbin Model with Fixed Effects", *Journal of Regional Science*, 2010, Vol.49, No.5.

21. Elrod A.A., Malik A.S., "The Effect of Environmental Regulation on Plant-Level Product Mix: A Study of EPA's Cluster Rule", *Journal of Environmental Economics and Management*, 2017, Vol.83.

22. Feenstra R.C., Li Z., Yu M., "Exports and Credit Constraints Under Incomplete Information: Theory and Evidence from China", *NBER Working Papers*, 2011, Vol.96, No.4.

23. Hamamoto M., "Environmental Regulation and the Productivity of Japanese Manufacturing Industries", *Resource & Energy Economics*, 2006, Vol.28, No.4.

24. Hausmann R., Hwang J., Rodrik D., "What You Export Matters", *Journal of Economic Growth*, 2007, Vol.12, No.1.

25. Hering L., Poncet S., "Environmental Policy and Exports: Evidence from Chinese Cities", *Journal of Environmental Economics & Management*, 2014, Vol.68, No.2.

26. Holzinger K., Sommerer T., "'Race to the Bottom' or 'Race to Brussels'? Environmental Competition in Europe", *Jcms Journal of Common Market Studies*, 2011, Vol.49, No.2.

27. Jaffe A.B., Palmer K.L., "Environmental Regulation and Innovation: A Panel Data Study", *Social Science Electronic Publishing*, 1997, Vol.79.

28. Jaffe A.B., Stavins R.N., "Dynamic Incentives of Environmental Regulations: The Effects of Alternative Policy Instruments on Technology Diffusion-ScienceDirect", *Journal of Environmental Economics and Management*, 1995, Vol.29, No.3.

29. Jarreau J., Poncet S., "Credit Constraints, Firm Ownership and the Structure of Exports in China", *International Economics*, 2014, Vol.139.

30. Kee L.H., Tang H., "Domestic Value Added in Exports: Theory and Firm Evidence from China?", *American Economic Review*, 2016.

31. Khandelwal, Amit K., Schott, et al., "Trade Liberalization and Embedded Institutional Reform: Evidence from Chinese Exporters", *American Economic Review*, 2013, Vol.103, No.6.

32. Koopman R., Wang Z., Wei S.J., "Estimating Domestic Content in Exports When Processing Trade is Pervasive", *Journal of Development Economics*, 2012, Vol.99, No.1.

33. Lanoie P., Patry M., Lajeunesse R., "Environmental Regulation and Productivity: Testing the Porter Hypothesis", *Journal of Productivity Analysis*, 2008, Vol.30, No.2.

34. Laporte A., Windmeijer F., "Estimation of Panel Data Models with

Binary Indicators When Treatment Effects are not Constant over Time", *Economics Letters*, 2005, Vol.88, No.3.

35. Levinsohn J. A., Petrin A., "Estimating Production Functions Using Inputs to Control for Unobservables", *Social Science Electronic Publishing*, 2003, Vol.70, No.2.

36. Lin J., "Appropriate Technology, Technological Selection, and Economic Growth in Developing Countries", *China Economic Quarterly*, 2006, No.5.

37. Linder S.B., "An Essay on Trade and Transformation", *Journal of Political Economy*, 1961, No.1.

38. Loecker J.D., Warzynski F., "Markups and Firm-Level Export Status", *American Economic Review*, 2009, Vol.102, No.6.

39. Lopez J., Sakhel A., Busch T., "Corporate Investments and Environmental Regulation: The Role of Regulatory Uncertainty, Regulation-Induced Uncertainty, and Investment History", *European Management Journal*, 2017, Vol.35, No.1.

40. Lopresti J., "Multiproduct Firms and Product Scope Adjustment in Trade", *Journal of International Economics*, 2016, Vol.100, No.MAY.

41. Mallick S.K., Sousa R.M., "The Skill Premium Effect of Technological Change: New Evidence From United States Manufacturing", *International Labour Review*, 2017, Vol.156, No.1.

42. Mani M., Wheeler D., "In Search of Pollution Havens? Dirty Industry in the World Economy, 1960 to 1995", *Journal of Environment & Development*, 1998, Vol.7, No.3.

43. Marconi D., "Environmental Regulation and Revealed Comparative Advantages in Europe: Is China a Pollution Haven?", *Review of International Economics*, 2012, Vol.20, No.3.

44. Marshall K.G., "The Factor Content of Chinese Trade", *The Journal of International Trade & Economic Development*, 2011, Vol. 20, No.6.

45. Mayer T., Melitz M., Ottaviano G., "Market Size, Competition, and the Product Mix of Exporters", *CEP Discussion Papers*, 2012, Vol. 104, No.2.

46. Melitz M.J., "The Impact of Trade on Intra-Industry Reallocations and Aggregate Industry Productivity", *Econometrica*, 2003, Vol.71, No.6.

47. Melitz M.J., Ottaviano G., "Market Size, Trade, and Productivity", *Review of Economic Studies*, 2008, Vol.75, No.1.

48. Milliman S.R., Prince R., "Firm Incentives to Promote Technological Change in Pollution Control", *Journal of Environmental Economics and Management*, 1989, Vol.22, No.3.

49. Nocke V., Yeaple S., "Globalization and Multiproduct Firms", *International Economic Review*, 2014, Vol.55, No.4.

50. Porter M.E., Linde C., "Toward a New Conception of the Environment-Competitiveness Relationship", *Journal of Economic Perspectives*, 1995, Vol.9, No.4.

51. Qiu L.D., Zhou W., "Multiproduct Firms and Scope Adjustment in Globalization", *Journal of International Economics*, 2013, Vol.91, No.1.

52. Ramanathan R., He Q., Black A., et al., "Environmental Regula-

tions, Innovation and Firm Performance: A Revisit of the Porter Hypothesis", *Journal of Cleaner Production*, 2016, Vol.155, No.PT.2.

53. Siotis G., "Competitive Pressure and Economic Integration: An Illustration for Spain, 1983–1996", *International Journal of Industrial Organization*, 2003, Vol.21, No.10.

54. T P., "Profitability, Concentration and the Interindustry Variation in Wages", *The Review of Economics and Statistics*, 1980, Vol.62, No.2.

55. Timmer M.P., Los B., Stehrer R., et al., "Fragmentation, Incomes and Jobs: An Analysis of European Competitiveness", *Working Paper Series*, 2013.

56. Tu Z., Zhou T., Zhang N., "Does China's Pollution Levy Standards Reform Promote Green Growth?", *Sustainability*, 2019, Vol.11.

57. Vernon R.A., "International Investment and International Trade in the Product Cycle", *The International Executive*, 1966, Vol.8, No.4.

58. Wang Y., Sun X., Guo X., "Environmental Regulation and Green Productivity Growth: Empirical Evidence on the Porter Hypothesis from OECD Industrial Sectors", *Energy Policy*, 2019, Vol.132, No.9.

59. Yu M., "Processing Trade, Tariff Reductions and Firm Productivity: Evidence from Chinese Firms", *China Economic Quarterly*, 2015, Vol.125, No.585.

后　　记

本书为中央高校基本科研业务费专项资金社科重点项目"前端污染治理提升对出口贸易可持续的作用机理"（CSZ21008）的阶段成果。项目批准立项之后，课题组经过大量的文献梳理与数据收集，并得到了同行专家的大力指导。在此成书之际，谨向给予支持的同行专家及课题组成员表示衷心感谢。

本书为集体创作的成果，成员分别包括胡颖（中南财经政法大学博士研究生）、张峰（中国财政科学研究院助理研究员）、韩启辰（中南民族大学硕士研究生）、蒋卓（中南财经政法大学硕士研究生）、侯淋博（江西财经大学硕士研究生）、彭璐（中南民族大学硕士研究生）、杨慧琴（中南民族大学硕士研究生）、杨家婳（澳门科技大学硕士研究生）、邵蒨（中南民族大学硕士研究生）、潘怡璇（中南民族大学本科生）等。成员均参与相关资料收集和书稿的撰写。本书经过 1 年多的努力研究，按时完成了预期任务。本书的研究与出版还得到了作者所在单位中南民族大学的大力支持。

本书的出版得到了人民出版社的大力支持，赵圣涛编辑为本书的出版付出了辛勤劳动，在此表示诚挚谢意。

后　记

本书借鉴了部分专家学者的研究成果,参考和引用了一些专家学者的观点,在此一并致谢。由于本人的知识水平和能力有限,本书也存在很多不完善的地方,敬请各位专家学者批评指正。

刘家悦

2022年4月于武汉

责任编辑:赵圣涛
封面设计:胡欣欣

图书在版编目(CIP)数据

环境规制与出口贸易发展/刘家悦,胡颖,张峰 著. —北京:人民出版社,
2022.10
ISBN 978－7－01－024763－2

Ⅰ.①环… Ⅱ.①刘…②胡…③张… Ⅲ.①环境规划-关系-出口贸易-研究-中国 Ⅳ.①F752.62

中国版本图书馆 CIP 数据核字(2022)第 075512 号

环境规制与出口贸易发展
HUANJING GUIZHI YU CHUKOU MAOYI FAZHAN

刘家悦　胡　颖　张　峰　著

人民出版社 出版发行
(100706　北京市东城区隆福寺街99号)

中煤(北京)印务有限公司印刷　新华书店经销
2022年10月第1版　2022年10月北京第1次印刷
开本:710毫米×1000毫米 1/16　印张:16.25
字数:270千字

ISBN 978－7－01－024763－2　定价:79.00元

邮购地址 100706　北京市东城区隆福寺街99号
人民东方图书销售中心　电话 (010)65250042　65289539

版权所有·侵权必究
凡购买本社图书,如有印制质量问题,我社负责调换。
服务电话:(010)65250042